跟我学 Learning golf

高尔夫球

高尔夫运动技术金牌教程

曾洪泉 杨亚 编著

成都时代出版社

绿色、氧气、阳光、友谊
——高尔夫之魅

Green Oxygen Light Friendship

　　繁忙的都市生活阻挡不了人们对蓝天绿地的迷恋和向往。闲暇之时，置身于绿树婆娑的大自然之中振臂挥杆，呼吸一下城市中少有的新鲜空气，充分舒展倦怠僵硬的身体，既无都市之喧嚣，亦无案牍之劳形，身体的劳累、心中的烦恼一股脑地烟消云散，大有快意人生之感，这就是高尔夫的魅力所在。如今，越来越多的人们开始享受这项"最时尚优雅的贵族运动"，高尔夫日渐成为现代人休闲健身的新宠。

　　高尔夫的英文名字是GOLF：G（Green）代表绿色，O（Oxygen）代表氧气，L（Light）代表阳光，F（Friendship）代表友谊（也有一种说法是代表步履，意指打高尔夫球需要走完几千米长的球道）。选手们在打球过程中必须遵守高尔夫的规则和礼仪，在激烈的竞争之中建立起高尚的人际关系。所以，也有人把GOLF说成"健步走向锦绣前程"（go to the light future），这种说法真是再传神不过了！

　　一轮十八洞高尔夫的标准用时为四小时十五分钟，高尔夫球场提供了球道、沙坑、粗草区、水区域和果岭等多种变化的场景。打球者可以沐浴着温暖的阳光，轻松自在地呼吸着新鲜空气，与友人、客户进行最长时间的有效沟通。在几十次甚至上百次的击球过程中，打球者的人格和秉性能够得到自然充分的体现，可以增加双方的相互了解和信任度。比起在办公室或会议室正襟危坐地谈话，或是在高级餐厅拘谨地用餐或豪放地畅饮，高尔夫无疑是沟通平台的上上之选。

　　本书是国际专业高尔夫技战教程，由APGA一级教练亲自示范，融合了世界高尔夫巨星的专业技巧与实战经验的精华，不仅介绍了高尔夫的场地知识、竞技规则、礼仪知识、心态必修课等高尔夫必备基础知识，还详尽解析了全套球杆的挥杆节奏、球的飞行规律、常犯错误与修正方案、切球、特殊球路、问题球位、沙坑球和推杆实战技术等技战教程，堪称学习高尔夫必杀技的至尊宝典。

目录
Contents

第四章

高尔夫基本技术
Basic Skills of Golf

第五章

高尔夫实战技术
Golf Practical Techniques

附录 Appendix

1

时尚优雅的高尔夫运动

　　高尔夫球不仅拥有与生俱来的时尚优雅气质，而且充满了挑战，它使人们在生机勃勃的大自然中锻炼身体、陶冶情操、修身养性。它的英文为"GOLF"，由Green(绿色)、Oxygen(氧气)、Light(阳光)、Friendship(友谊)四个单词的首字母组成，充分概括了高尔夫运动的丰富内涵。高尔夫球与桌球、保龄球、网球并称为世界四大绅士运动。

　　高尔夫球是一项在绿地和新鲜氧气中进行的休闲运动，适合各个年龄、不同性别的人们参与。它把彬彬有礼与健体竞技完美地融为一体，是世界公认的绅士运动。在崇尚休闲的现代社会中，优雅时尚的高尔夫球已经成为现代都市人的宠儿，不少人为之着迷不已。

起源之地——苏格兰
THE BIRTH PLACE OF GOLF–SCOTLAND

　　关于高尔夫的起源地至今尚未有定论，有荷兰起源说、法国起源说、中国起源说，但是最权威、最有说服力的还是苏格兰起源说。流传最广的一种说法认为高尔夫起源于苏格兰的牧童游戏。牧童放牧闲暇时，常常用手里的牧羊棍打击小石头，互相比较谁击得远、击得准，这便是高尔夫运动的雏形。还有一种说法认为，高尔夫运动兴起于十五世纪初，驻守在苏格兰北海沿岸的圣安德鲁斯城的士兵们在训练之余，常常在草地上进行一种击球入穴的游戏，逐渐演变成为今天的高尔夫运动。

　　"高尔夫"一词，最早出现在公元1457年苏格兰议会中的文件中。由于当时高尔夫球在苏格兰非常盛行，许多年轻人不再练习苏格兰"国术"——射箭，纷纷改打高尔夫球，以致当时的苏格兰皇室一度下令禁止这项运动。1457年3月，国王詹姆斯二世颁布了一项"完全停止并且取缔高尔夫球"的法令。然而，这项禁令在当时并没有发挥太大作用。很多苏格兰青年对高尔夫的热情依旧不改，射箭演练依然每况愈下。甚至到了后来，大家都无视那项禁令，就连国王詹姆斯四世也最终成了狂热的高尔夫球迷，几乎天天光顾高尔夫球场。詹姆斯五世与他的王后也效法詹姆斯四世打起了高尔夫球。

　　到了16世纪，高尔夫运动成为苏格兰上流社会的潮流，连苏格兰国王詹姆斯六世和他的母亲玛丽女王都对高尔夫球痴迷不已。在苏格兰的首都爱丁堡，皇室贵族们也为这项运动而疯狂。高尔夫能在苏格兰首都及其周边地区迅速发展，皇室贵族的推崇发挥了至关重要的作用。

　　如今，苏格兰的圣安德鲁斯球场被称作是高尔夫的圣地！每一位球手最大的愿望就是能在圣安德鲁斯球场打一场高尔夫球。高尔夫球场无论建在世界何地，都带有浓浓的苏格兰风格，仿照苏格兰特有的生长着草丛的海边沙地铺设，既有平坦的沙滩、葱绿的草地，又有起伏的沟壑溪流。

一 高尔夫的职业化道路
THE PROFESSIONALISM OF GOLF

19世纪末期以前，高尔夫运动一直是一种业余运动，所有高尔夫比赛均属业余比赛。19世纪90年代职业高尔夫球手的出现，开创了高尔夫职业化的先河。英国职业高尔夫球手哈利·瓦登、约翰·泰勒和詹姆斯·布瑞德在20世纪的前二十年统治了高尔夫球场，被称为"高尔夫三巨头"。他们包揽了从1894年到1914年间的16次英国公开赛冠军，成为高尔夫运动发展史上的超级巨星。他们培养了大批高尔夫球迷，设计并兴建了大批球场，为高尔夫运动发展作出了不可磨灭的贡献。

最早将高尔夫带到美国的是罗伯特·洛克哈特和约翰·里德。罗伯特常到苏格兰做亚麻生意，并从苏格兰带回许多体育运动器材，包括高尔夫球杆和古塔树胶球。里德被称为"美国高尔夫之父"，他于1888年在纽约建造了美国第一个高尔夫球场，并以高尔夫的故乡圣安德鲁斯命名，也就是现在的纽约圣安德鲁斯高尔夫俱乐部。从此，美国兴起了高尔夫热潮，到1900年，仅短短的12年间，美国已有1000余个高尔夫俱乐部。1894年，美国高尔夫球协会成立，它和圣安德鲁斯高尔夫俱乐部一道成为现代高尔夫运动发展的领导者。

二战结束后，随着国际局势的稳定和世界经济的复苏，高尔夫运动的热潮从美国涌向世界各地。世界各地的俱乐部和球场如雨后春笋般出现，各类职业和业余比赛如火如荼地进行。特别是20世纪80年代，随着"亚洲四小龙"的经济崛起，高尔夫运动的发展重心由美国逐渐转向亚洲。同时，电视的出现造就了一批国际高尔夫巨星，也全方位地改变了职业高尔夫运动，使职业高尔夫赛事实现商业化运转。各种高尔夫专业杂志和互联网的出现，为高尔夫运动职业化的快速发展和高尔夫文化的快速传播作出了重要贡献。

魅力高尔夫
CHARM OF GOLF

　　高尔夫是一项温和的有氧运动，通常一场比赛要持续几个小时，球手需要面对粗草、水、沙坑、树林、风雨等自然条件的挑战，整场比赛本身就是人们爱惜环境、享受自然、珍惜生命、与大自然融为一体的过程。参加高尔夫运动，不仅能促进新陈代谢，而且对人体心肺健康十分有益。

　　高尔夫是一项彬彬有礼的运动。按照规则，相互竞争的对手不仅不可以有任何妨碍他人的动作和声音，还必须依照礼仪要求在果岭上做标记，不可踩踏别人的推击线。选手要按规定确定开球和推球顺序，且必须掌握打球的速度，按优先权规定礼让后组球员。"彬彬有礼地打球，规规矩矩地比赛"是高尔夫运动的独特风貌，所以，人们把高尔夫球视为培养绅士作风的一项运动。

　　高尔夫球是一项磨练心智的运动。高尔夫传奇人物本侯根曾说："高尔夫10%是人体力学，剩下的90%都是心理学。"打高尔夫球的人都知道，高尔夫球技只是让你拥有打到你想要位置的能力，不过真正的战斗是与自己的战斗，一个小小的失误、一时的犹豫不决，意想不到的事情就会发生。高尔夫是一项心理需求极强的运动（特别是在高水平球员的角逐中），球手的决策、想法、想象和感觉都会影响着每一次挥杆。自信、专注和冷静是高尔夫球手的心理必修课。

　　高尔夫，这项沐浴在阳光下、置身绿色有氧自然环境中的休闲运动，在休闲中彰显绅士魅力，在挥动中品味高贵气质，以它健康、优雅、高贵的魅力征服全球，受到世界各地人们的青睐与追捧。

BASIC KNOWLEDGE OF GOLF

2

高尔夫基本知识

　　想真正掌握高尔夫，首先要了解高尔夫运动的基础知识。高尔夫球场本身就是融合自然景观与现代化建筑的艺术品，体现了球场设计者的独具匠心；高尔夫竞技规则和礼仪是这项运动重要的组成部分，熟悉高尔夫的比赛规则，了解高尔夫传统，尊重一起打球的同伴，尽显绅士风度；良好的心态能让你更加享受高尔夫的乐趣，进行足够的练习，寻求专业的指导，排除"扎针"干扰，在俯仰之间尽情挥杆。

场地
GOLF COURSE

　　高尔夫球场是经球场设计者精心设计、创造后展现在人们面前的艺术品。它在原址自然的地形、地貌基础上，经人工绿化和独具匠心的点缀，把自然景观与现代化建筑融为一体。因此，世界上不存在完全相同的高尔夫球场。

　　随着高尔夫球运动及高尔夫球场相关产业的发展，现代高尔夫球场的设施和运动条件不断完善，功能也更趋于多元化。现代的高尔夫球场不但是运动的场所，而且也是度假休闲的好去处，球场附近配套的度假别墅及其他运动设施，与临近旅游景点连接成旅游路线，显示出球场多元化的功能。

　　一个标准的高尔夫球场长六七千米，宽度不限，设18个球洞。1～9号洞为前9洞，称为外线路；10～18号洞为后9洞，称为内线路。前9洞和后9洞分别设长、短距离的球道各2个，中等距离的球道5个，18个洞的标准杆为72杆。也有标准杆为71杆或73杆的球场。

　　进行高尔夫比赛时，先由第1洞开始打到第9洞，然后回到高尔夫球屋；再从第10洞出发打到第18洞结束，再返回高尔夫球屋。

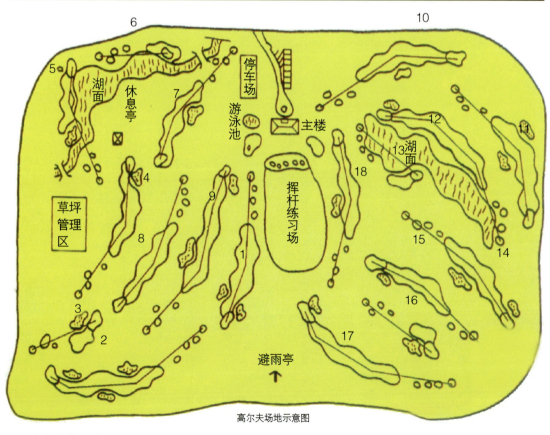

高尔夫场地示意图

　　根据内部区域和功能的不同，高尔夫球场可分为三个主要区域：会馆区、球道区和草坪管理区。其中，会馆区、球道区是高尔夫球场最重要的区域。

会馆区 Club House

会馆区是整个高尔夫球场的管理中枢，也是球场接待、办公、管理、后勤供应的场所。会馆区还是球手办理打球手续和打球前后娱乐、休息、社交的场所。会馆区一般由主楼、停车场、练习场、游泳池及其他附属设施等组成。自20世纪以来，越来越多的球场开始重视会馆建设，并将会馆作为高尔夫球俱乐部的中心。

会馆区

会馆主楼是会馆区的主体设施，建筑风格与球场的整体风格融为一体，其内部设施齐全，一般设有接待处、球童室、高尔夫球专卖店、租赁部、会客室、公共娱乐区、餐厅、酒吧、浴室、休息室、更衣室、会议室等。

停车场是球手抵达球场时首先看到的设施之一，设在主楼附近。公众球场打球人数较多，有200～300个车位，私人球场的停车场一般不大。

挥杆练习场和练习果岭是供球手打球前热身和熟悉球技以及初学者练习球技用的。

球道区 Course

球道区是整个球场的主体部分，呈带状铺设在一片开阔地上，其总面积占整个球场面积的95%以上，由击球的草坪区和水区域、沙坑、树木等障碍区域所组成。球道区以球洞为单元进行划分，球洞与球洞之间的设置通常为开球草坪、开阔草地、地势起伏区或灌木丛、障碍区、球洞草坪。每个球道由发球台、球道、果岭组成。

球道区

球道区是高尔夫球场最富有变化的击球区，也是设计人员施展艺术才能的场所，其造型最能反映当地的自然景观。现代高尔夫球场球道区的形状和大小没有统一的标准，球道的形状有狭长方形、也有左拐和右拐弯曲形。

发球台 Teeing Ground

发球台是每个洞的起点，是用来开球的略高于球道的草坪区域，为平台式或阶梯状的修剪平整、较细的草皮。开球时将一支球座插在草坪的指定位置，然后把球放在球座上，再把球击出去。

发球台上设有两个球状标记，约相距4.6米。发球线是标记之间的直线，每个发球台有三组远近不一的发球线。最远的蓝色标记为职业男球手发球用，中间的白色标记为业余男子和职业女球手发球用，最前面的红色标记为业余女球手发球用。

发球台

球道 Fairway

　　球道是指连接发球台与果岭之间，较利于击球的草坪区域。球道两侧一般保留有自然起伏的地形，球道中也可利用不常修剪的草地、灌木丛、土丘、池塘、水道、沙坑等障碍物来增加球手挥杆的难度和兴趣。理想的高尔夫球道既富有挑战性，又能合理打球。如果球手因击球不正确而把球击入障碍区，此时要把球击出就比在球道中难多了。

球道

　　就一个球道而言，从发球区到球洞的长度为该球道的长度。一般长度在230米以内的球道，称为短球道，短球道中的球洞称为短洞，标准杆数为3杆（即从发球区开球到将球打进球洞所打的杆数为3杆）；长度在230~430米的称为中距离球道，中距离球道中的球洞称为中洞，标准杆数为4杆；长度在431米以上的称为长球道，长球道中的球洞称为长洞，标准杆数为5杆。

◎沙坑　Bunker

　　在高尔夫球场中，沙坑是四周被草坪围绕、中间覆盖沙子的凹陷地。它是球场障碍的一个主要组成部分，可设置在障碍区的任何位置。沙坑也是最能体现设计师设计风格的地方。一个18洞的高尔夫球场一般有40~70个沙坑。

　　根据在球道中所处的位置不同，可以将沙坑分为球道沙坑和果岭沙坑。球道沙坑分布在球道两侧或中间，大部分都布置在落球区附近；果岭沙坑布置在果岭四周。沙坑面积一般为150~400平方米，球道沙坑的面积通常比果岭沙坑的面积大。沙坑形状没有固定的要求，一般有锅底形、线虫形、自由形等。

沙坑

◎粗草区　Rough

　　粗草区在高尔夫球场规则中没有专门的定义。高尔夫球场中，每一个球道区除发球台、球道和果岭以外的所有草坪区域，统称为粗草区。在粗草区，草修剪的越高越易使球手将球击出球道而受罚。

粗草区

◎水区域　Water Hazard

　　高尔夫球场中，水区域是构成球道战略性和挑战性的主要要素之一。球场中的湖面、池塘、河流、小溪、沼泽地或其他开阔水面等影响打球的地方，不管是否有水，都被称为水区域，也叫水面障碍。它是最不理想的地带，击球非常困难。现代高尔夫球场中，水面障碍应用较多，特别是在内陆球场中，一般都会建造一些人工湖面，一来增加击球难度，二来可以增加球场的景观效果。

水区域

果岭 Green

果岭是设置球洞和放置球杯的一块特殊的草坪，是经过精心修剪的短草草坪。球能在略有起伏的果岭草坪上无阻碍地滚动。果岭的面积大小不等，一般为500～700平方米。大的果岭能创造出富于变化的造型，增加球手击球的难度。每洞的标准杆中在果岭上要打两杆，再加上击球上果岭的一杆，72杆中就有54杆和果岭相关。也就是说，在占

果岭

球场面积仅2％的小小果岭上，占总标准杆75％的杆数都与它有关。因此，果岭的重要性是其他区域无法比拟的。出色的设计师设计的每个果岭在大小、造型、轮廓和沙坑方面都各具特色，能给高尔夫球运动带来丰富的挑战性和趣味性。

果岭区由果岭推杆区、岭环、岭围及岭周区所组成。果岭推杆区是一般意义上的果岭，是球洞所在的中心区域，推杆在该区进行，这里的草坪修剪的高度仅为0.5厘米；岭环是指围绕推杆区的一个较窄的环形区，其草坪修剪的高度为1～1.5厘米；岭围是位于岭环前方的球道延伸部分；位于岭环两侧及后缘的岭环之外的区域称为岭周区，它一般被看做是粗草区的一部分。

果岭形状多种多样，在很大程度上决定着球道的难易度。果岭一般分为炮台式果岭、岛形果岭、椅状果岭、梯田式果岭、邮票状果岭。另外，有的球场在一个洞上设有两个果岭，被称为双果岭系统。

◎球洞 Hole

国际标准高尔夫球场由18球洞组成。球洞直径为10.8厘米，深度至少为10.2厘米，洞内为铁制或塑料制的杯，杯口至少低于地面2.5厘米，距岭内沿4.6米以上。杯内插有一面指示果岭位置的旗帜，能为远离果岭的球手指明方位。

球手打球是逐洞进行的，18个洞为一个循环。球手从发球台开球，途经球道、障碍区，最后将球打上果岭，推球入洞，即完成一洞，然后移至下一洞重新开始。发球台和果岭是每个洞不可缺少的组成部分。

球洞

GOLF 球话

一杆入球

通常将近200米的距离，需用三杆才能把球击进洞内。要一杆把球从开球草坪击进下一个球洞极难，但也不是没有。1988年5月，在英国举行的公开赛中，澳大利亚的戴维斯就是一杆把球击入球洞内的，距离是195米，创世界新纪录。

一 竞技规则
THE RULES OF GOLF CONTEST

《高尔夫球规则》是由苏格兰圣安德鲁斯皇家古老高尔夫球俱乐部（R&A）和美国高尔夫球协会（USGA）共同制定和颁布的，是进行高尔夫球运动的人必须遵守的行为准则，每四年更新一次。

比赛赛制

比杆赛 Stroke Play

比赛的一种类型，获胜者由一个回合或预定回合的总杆数确定。

比洞赛 Match Play

每一个洞都单独进行竞赛的比赛。获胜者为取得最多洞的团队或选手，而不是分数最低的队伍或选手。第一洞的获胜者叫做"one up"，即使该选手用两杆或三杆进洞，也仍然是"one up"。选手每赢一个洞，标志会增加，赢得洞数最多的选手就是获胜者。这是高尔夫比赛的原始形式。

在各俱乐部举行的比赛中，以比洞赛最为普遍，因为它在计算上较比杆赛迅速。在比洞赛的赛制中，参赛选手为两人一组或两队，进行一对一对抗，每洞由进洞杆数较少的那位或那组球手赢得。如杆数相同，则双方平手。

比洞赛的双方约定好在一定的洞数内，以赢得洞数较多的一方获胜。如果约定好的洞数打完了，双方所赢的洞数相同，则需再约好一个洞数继续比赛，直到分出胜负为止。

四球比洞赛 Four Ball

四球比洞赛是二人中杆数较低者对抗另外二人中杆数较低者，各人各打自己的球。在四球赛中，以进洞杆数最低的那一方赢得该洞。

四人二球赛 Foursomes

二人对抗二人，每一方各打一个球的比赛。球手轮流击球，直至球入洞为止。球手必须轮流发球：一球手在单数发球台发球，另一球手在双数球台发球。杆数最低者为该洞的胜方。

单人赛 Singles

正宗的比洞赛，只有两人对垒，较低杆数为胜方。若甲方在比赛中领先，而乙方在余下的洞中无法超前时，赛事可无需继续，甲方便可胜出。

一对二比赛 Threesome

一人对二人的一种比赛，而且是每队各打一个球之比赛。也指三名选手在一起打一个回合。

三球赛 Three Ball

三名选手互相比赛，每个选手击打自己的球。

🏐 击球顺序

　　在比洞赛中，应先打距离球洞最远的球。在一洞获胜的一方获得下一洞发球区的优先击球权。如果球手在球场上的任何地方不按顺序打球，他的对手可以要求他重打。

🏐 开球区

　　如果你从发球区外打球，并不受处罚，对手可以立即要求该球手取消此次击球，重新从发球区内击球。在比杆赛中，如果你从发球区外击球，要被加罚两杆，然后必须重新从发球区内打球。

　　迟到是参加高尔夫比赛的最大禁忌。迟到的判罚可依比赛形式分为两种：在比洞赛时，第一洞判负；在比杆赛时，第一洞罚两杆。

🏐 关于击球

　　球员只要把球杆放在紧靠球前，或者是球后的地面上，就完成击球准备，无论其是否已经摆好站位。

　　在球的现有状态下击球。除非规则允许，禁止触及球。

　　除发生在正当站位过程中或挥杆时，禁止通过移动、弯曲或折断任何生长物或固定物来改善你的球的位置、挥杆区域、打球线，或使打球线越过球洞延伸适当的距离。禁止按压任何东西。禁止制造站位场所。例外情况：当球员完成击球准备后移动的时候，如果知道或者是肯定他没有导致这个球移动，球员就会免于处罚。例如在球员完成击球准备来了一阵大风，小球移动了，球员不受处罚。但球员必须在新的位置打球。

　　如果你的球在沙坑或水障碍区，在向下挥动之前，禁止触及障碍区内的地面或水区域内的水。

　　必须用球杆的杆头正确地击球，绝不可以采用推、拨或挖的动作。如果球手在一次击球过程中球杆碰击球一次以上，则必须计算该次击球并加上一杆罚杆；如果该球手击错了球（除障碍区内），在比洞赛中，该洞负；在比杆赛中，要被加罚两杆，然后必须击正确的球。

　　在比杆赛中，如果球员因为从错误的地方打球而受到处罚，绝大多数情况下，这个处罚只是罚两杆，即使在他击球之前还触犯了其他规则，也不追加处罚，只罚两杆。

不能碰到沙

　　在障碍区内，不允许把球杆放到地上。当球遇到沙坑，杆头在击球准备或上杆时绝对不能碰到沙。

球洞区（果岭）

除非规则允许，不得触及你的推击线。你可以修复球的标记以及旧球杯，但不能移动标记。

你可以拿起球洞区的球，如果愿意的话可以擦拭。在拿起球之前必须标定球的位置。

禁止通过刮擦或滚动球来检验表面。

如果你的球从球洞区碰击到旗杆，在比洞赛中，你会被判该洞负；在比杆赛中则加罚两杆。

除非在比洞赛时你的对手认输，否则一定要击球入洞。

拿起球、抛球和放置球

拿起的球重新放置的位置必须是标定的原来球所在的位置。

在抛球时，必须直立，将臂完全伸直并举至与肩部相同的高度，然后使球自然落下。

如果球在触及球场之前或之后碰触到球手、他的伙伴、他们的球童或他们的携带品，应重新抛球，但不受罚。

如果球滚入到障碍区，或落在障碍区外、球洞区、出界或处于需要采取补救处置状态的地点（如不可移动妨碍物、异常球场状态、陷入地面的球、错误的球洞区），必须在尽量接近抛球时球最初落点的地方放置球。

如果要重新放置的球的位置状态被改变，除在障碍区内以外，球必须被放置在距离原位置一球杆范围内的不更靠近球洞、不在障碍区内、与初始位置状态最相似也最接近的地点。

免罚抛球

免罚抛球又称"免罚脱离"，能够享有这种权利的机会其实很多，如球位于待修复的地面上或球在临时积水区内，或球碰到无法移开的障碍物时。不过，虽然免罚抛球不会遭受罚杆，但只能在一杆长度的范围内执行。而且，抛球时为了让球脱离原始球位，千万不要把球抛进任何可能形成另一个问题球位的地面上。

照片中的诺曼因为前一球落在正面看台上，而得到一个免罚抛球的机会。

散置障碍物

任何散置障碍物均可移除，在散置障碍物和球都位于同一障碍区内或触及同一障碍区时除外。

如果移动距离球一球杆长度范围内的散置障碍物，造成球的移动，必须将球放回原处（除非你的球是在球洞区），否则会受到一杆的加罚。

沙坑里的障碍物

沙耙被归类为可移动的障碍物，在影响站姿或挥杆的情况下，可以把沙耙移开。

小树枝

小树枝也被归类为可移动障碍物。在不移动球的情况下，可以移除。

障碍物

障碍物是指假（即人造）物体，确定为出界的物体、界外的栅栏柱、树桩与不可移动的物体不是障碍物。

如果不可移动障碍物会妨碍球手的站位或挥杆区域，除非球位于水区域或侧面水区域内时，你可以在距离补救的最近点一球杆范围内，且没有比它更靠近球洞的地方抛球；如果球位于沙坑内，必须在沙坑内抛球；如果球是在球洞区上，球手必须拿起球，将其放置在补救的最近点（该点不是在障碍区内时，补救的最近点可以是在球洞区外），不受处罚。不可移动障碍物位于打球线上不构成本规则所述的妨碍。

不可移动的障碍物

在梯台到果岭的整个路线中，可能会遇到各种各样不同类型的物体，因为属性不同，处理方式也不一样。不可移动的障碍物属于固定的人造物，要是球落到这一类型的障碍物附近，因而影响到站姿或挥杆，你就拥有免罚抛球的权利了。图中的固定的喷水头就是如此。

如果你的球在不可移动障碍物内遗失（除非球位于水区域内），应以球进入障碍物的位置为补救点。

允许球员在任何时候平整障碍区内的沙子或者泥土，包括在这个障碍区内打球之前，但这种行为必须纯粹出于维护球场的目的，不得为了改善其击球环境而这样做。

🌙 水区域

当球在水区域的后方，你可以在球洞与初始球最后越过该水区域界线处的连线上抛球。只要是在水区域的后方抛球，无论距离多远均无限制。

作为仅限于球最后越过侧面水区域的界线时的附加选择，可以在水障碍区外距离初始球最后越过水障碍区的界线的点，或者该水障碍区对岸距球洞区距离相等的界线上的地点两球杆范围之内抛球。

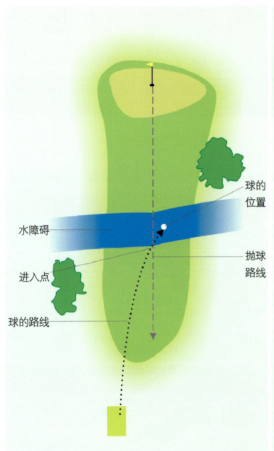

球的位置

水障碍

进入点

抛球路线

球的路线

抛球区2

进入点

抛球路线

抛球区1

球的路线

侧面水障碍

球落入水区域的处理方法

正面水区域以黄色的界椿或界线标示，如果球落在这些区域，有三种处理方法可以选择。

选择一：打入水中的那颗球不需要受罚，不过击球准备时，球杆不可以碰到区域内的水面或地面，这样的击球非常多。

选择二：比较安全，采用抛球的方式，在球进入水区域的位置和目标的假想延长线上，执行抛球，往后延长的距离则没有限制，不过还是要罚一杆。

选择三：回到原始的击球点，用另一颗球继续比赛（要罚一杆）。

球落入侧面水区域的处理方法

侧面水区域以红色的界椿或界线标示，如果球落在这些区域，可以选择"球落入水域"的三种处理方法，也可以采用这里的两种解决方案，不过都要罚一杆。

方法一：找出球第一次穿越水区域的进入点，在那个位置上执行两杆长度范围内的抛球，球位不可以更靠近球洞。

方法二：如果方法一不适用，还可以在水区域的另一侧，用同样的方式找出抛球位置。

遗失球或界外球

如果你的球可能在水区域以外成为遗失球或可能在界外时，只要你通报了要打暂定球的意向，你可以在去找初始球之前打一个暂定球。如果你的初始球是掉入了水区域或在水区域外的地方被找到，那么你必须放弃暂定球。

如果你的球遗失或在界外，你应接受加罚一杆的处罚，再打一个暂定球。或者不打暂定球，重新击球。

如果你相信你的球在水区域外无法击出，你可以加罚一杆，并（a）将球抛在距初始球所在位置两球杆长的距离范围之内或者在距离球洞更近的位置，或（b）将球抛在原球所在位置后的任意距离（将该位置直接保持在球洞与抛球的位置之间），或（c）重新击球。如果你的球是在沙坑中，你可以进行（a）、（b）或（c）。但如果你选择进行（a）或（b），你必须抛球入沙坑。

计分方法

现代高尔夫比赛的竞赛类型多样，计分方式也不尽相同，下面是计分时必须了解的知识。

◎杆数指数表

每个球场都有一个杆数表，将场内的所有球洞依难度排列，这对于计算比赛中的差点数是个重要依据。1号球洞最困难，18号球洞最容易。每个球手依据其差点数不同，在不同数目的球洞上享有提高标准杆数的权利。例如一个差点为7杆的球手，杆数指数表上所列的前7洞的标准杆数可给予提高，放宽标准。

◎史洛普计分法

在1983年的USGA职业赛中，发明了史洛普计分法。这种方法设立的目的是为了更准确地评估出各洞的困难度。此法对一般球手与职业好手都适用，计算出来的差点数可与不同俱乐部所计算的差点数互相转换。此外，它还为因远赴他地比赛，处他乡劣势的球手设有特殊考量条件。在难度较高的球场上，史洛普计分法会将球场的标准杆数提高，相对地，在难度较低的球场上，标准杆数会降低。

史洛普计分法发明至今，在美国已经有超过12,000场以上的比赛以这种方式重新进行计分。它目前在加拿大风行，在英国及其他国家正逐渐被接纳。

◎差点

高尔夫规则中对差点并无规范，目前各国各有计算法，尚未有全球通则。不过，所有球场都有一个在正常状况下的理想杆数基准，这个基准数是所有顶尖的业余球手都希望达到的。

高尔夫俱乐部的成员可以将几场球的标准杆数比较后，算出自己的差点。接着该球手便可根据自己的差点数，依照每个球场的杆数指数表，得以在困难球洞增加符合自己的技术阶段的杆数。

在英国，只有参加正式比赛的成绩才能列入差点计算的参考数据，并依此更改差点数，但在美国，所有的成绩都被接受。USGA早在1920年就试图推出一套适用于全国的差算制度，现在更有一个差点研究小组不断在修正和改善差点计算法，例如史洛普制计分法也是其研究对象。英国的"国家高尔夫联合委员会"就是负责有关差点事务的官方机构。

差点在比洞赛中也会列入计分参考依据。球手可以获得与对手差点数差别的四分之三作为杆数放宽依据。例如甲球手的差点是26杆，乙球手的差点是13杆，二人差点数相差13，那么甲球手便可以获得10杆的标准杆数宽限——正确数字应该是9.75，四舍五入得10。

礼仪课堂
GOLF ETIQUETTE

高尔夫礼仪作为高尔夫运动最重要的组成部分，是区别于其他运动项目的特点之一。不管你如何标榜自己的球技、球龄，或者展示自己昂贵的球具和一身名牌行头，只要看看你在球场上的举止是否符合高尔夫礼仪，就能区分出你是一个名副其实的高尔夫球手，还是一个只会拿着球杆在场上比划的"玩球人"。通过场上的表现，人们可以观察到你是否热爱这项运动、理解它的传统并尊重一起打球的同伴，进而对你个人的教养和人品做出评价。

● 注意安全

安全在高尔夫运动中非常重要，高尔夫规则和礼仪都将其列在开篇的首要位置。如果球员对高尔夫球和球杆的坚硬程度没有足够的认识，球场将会变成一个危险之地。因此球员应予以高度重视。

不要对着有人的地方击球或练习空挥杆，因为击出的球或无意间打起的石块、树枝和草皮有可能打中他人。再者，这也是不礼貌的行为。

● 保持安静

保持高尔夫球场安静的环境十分重要。打球时，球员需要全神贯注，任何响动都有可能影响击球的质量。所以在场上讲话时必须压低嗓音。即使同组球员不介意，你也要照顾附近其他组球员的需要。此外，切忌在球场上跑动。在场上随意跑动会引起其他球员分心和烦躁，还会损害草皮。必要时应尽量轻步快走。

● 控制打球速度

球友们都希望尽情享受打高尔夫球的乐趣，但谁也不想一整天都耗在球场。如果球员在两次击球之间等待时间过长，他们会变得不耐烦，而且会失去击球的动力。所以为了大家的利益，打球时不要延误时间。下面是保持适当打球速度的几点建议：

每次击球之前只做一次挥杆练习，然后马上击球。记住：如果你每场球打120杆，每次都额外用30秒钟做练习的话，加起来你每场球就要多花1小时。

在轮到你击球之前做好充足准备，不要等轮到你时才开始考虑用哪根球杆，或决定是直接打过水还是对着水障碍区前方打保险球。最好趁别人在击球时提前考虑周全。

当走向果岭时，观察好下一洞发球台方位，然后将球杆摆放（或球车停放）在果岭距离下一发球台较近的一侧，这样打完该洞后可以少走弯路，既节省体力又不会耽误时间。

紧随前面一组球员。当他们离开果岭时，你应该已经做好击球准备。不用介意后面一组会不会赶上你，只要注意与前一组保持合适的距离和打球速度就行了。

不要让球击中前一组球员

时刻提醒自己保持合适的"打球速度"会有助于你紧随前一组球员，并确保不会影响后面组的打球。但紧随前一组的同时又必须小心，不要离得太近以致球打中前面的球员。所以一定要在前一组所有球员都离开击球距离范围之后再开始打。

有些球员在场上当遇到前方有打得慢的人会表现得十分不耐烦，这是可以理解的。如果你等得太久，可以走过去提醒前一组加快速度，但千万不能用朝他们击球的方式来催促对方，这招实在是很危险，而且有失风度。

请求先行通过

向前一组球员请求先行通过是打球中最难实行也是最容易引起争议的状况之一。难以实行是因为通常这等于在暗示前一组延误了打球时间，即便是事实也会引起对方的不悦。所以如果你打算请求先行通过，就应该寻找合适的时机，十分有礼貌地提出来。以下的建议不妨一试：

在提出先行通过的请求之前，应确定前方有足够的空间。如果在你请求超过的一组之前还有另一组在打球，那么你肯定会遭到拒绝。

在得到准许后应表示感谢并尽快完成击球。万一你打出了一个"臭球"（通常在这种情况下球员会感到压力，所以很有可能打球失误），最好不要加打另一球，以免引起他人的反感。保持镇定，按照规则继续打即可。

当你与前一组之间已经空出一洞以上，说明你的打球速度较慢，如果你觉得后面的一组追得很紧，有可能希望先行通过，应主动询问并提供方便。最合适的时机是当你到达果岭后，向后一组招手示意先让他们打上果岭一杆。击球后趁他们走向果岭的间隙你可以完成自己的推击。之后可以在下一洞发球区请他们先开球。

让准备好的球员先打

如果不是参加比赛或其他正式场合，平常打球每次击球时，同组球友之间可以让准备好的球员先打。也就是说即使同组某位球员的球不是离洞最远的一个，只要他已经做好击球准备，就可以首先击球。前提是与同组球员事先达成共识，说明本场球将打"Ready Golf"，这样同伴就不会认为你不懂规则，反而会感受到你的绅士风度。

让准备好的球员先打有助于加快打球速度，但击球之前必须确定同组所有人都知道你将要击球，同时你也知晓其他人当时所在的位置，因为你不想让球击到在场的任何人，当然你更不想出现同组球友同时挥杆的场面。

球场的保护

在离开沙坑前，球手应仔细将他造成的所有坑穴和足迹修复平整。（如右图）

在球道上，球手要保证将他所切削起的草皮放回原处并压平。由球和鞋钉对果岭所造成的损害要在打完该洞后予以修复。

球手应确保在放置球袋和旗杆时不伤及果岭。球手及其球童在靠近球洞站立或扶住旗杆及将球从洞中取出时，不得损伤球洞。球手在离开果岭前应将旗杆正确地放回球洞中；球手不能靠着推杆而损伤到果岭，特别是将球从球洞中取出时更应注意。

球手要严格遵守当地有关驾驶高尔夫球车的注意事项。

在练习挥杆时，球手应避免削起草皮、损伤球场，在发球区时要特别注意。

修复球痕配图

在柔软的果岭上，球落地时通常会造成球痕，务必在第一时间使用木质球座或球痕修补器修复这些凹痕。

高尔夫的心态必修课
THE ATTITUDE OF PLAYING GOLF

> 一个球手，不管球技再高，都会受到心理因素的影响，心理状态很大程度上影响了球技的发挥。心理不平衡，打球过于急躁，都会导致战略判断上出现偏差。另外，由于球道狭窄，碰到眼前有水塘、沙坑、高树等障碍的时候，心理上会产生极大的压力而影响打球，这是每个球手都可能遇见的问题。所以，球手应保持一颗平常心，冷静对待各种突发状况，才能发挥出正常的球技水平。

◖ 足够的练习

一个高尔夫教练仅仅只是让你打好球的一个方面而已。重复的练习可以带来自信，而自信则指向成功，没有什么可以替代训练。所以，你要做的是：认真地训练，有目的地打球，对结果进行分析。

◖ 锁死目标

一旦你做好击球准备，就要把击球当做生命中最重要的事情，摒弃一切杂念，锁死目标，果断地挥杆。锁死目标对于消除精神紧张十分有效。把全部注意力集中在你击球的目标上，才能打出好球。值得注意的是，应当在整个击球过程中都保持这个念头。

◖ 获得专业的指导

如果你第一次打得很烂，请忘掉它。

如果你第二次又打得很烂，重新检查一下你的基本的握杆动作、站位、目标的确定和球的位置。大部分的错误都是在挥杆之前发生的。

如果你连续几次都打得很不好，就需要寻求职业教练的指导，获得专业的帮助。

◖ 不要放松

在练习场或者球场上，人们听到的最多的就是"放松"这个词。如果你拼命想使自己放松，往往会导致两种后果：要么更加紧张，要么松松垮垮恨不得倒在草地上打瞌睡。这两种状况都对击球毫无益处。

如果你确实需要消除肌肉的紧张感和内心的恐惧感，只需保持轻松自如的状态即可。恰如小杰克伯克所说的那样，保持"有控制的狂热"的感觉。

◖ 积极地思考

在你进行击球的时候，任何消极的想法都是纯粹的毒药。球手应从内心深处对自己保持绝对的自信，进行积极地思考。切记：优柔寡断是真正的杀手。

例如：当你从球包里抽出5号铁杆，在脑子里设定击球目标，对球做好击球准备，你必须绝对相信你选择了正确的球杆，然后做出你最好的挥杆动作。即使5号铁杆可能会大一点或者小一点，但是如果你扎实地击球，大小误差也不会超过10码（1码约等于0.9144米）。

但是，如果从一开始你就根本不能确定究竟应该使用4号铁杆、5号铁杆还是6号铁杆，作为折衷考虑选择了5号铁杆，然后在采取站位的时候仍然犹豫不决，那么你的击球肯定会出现问题。

排除"扎针"干扰

大脑中的高尔夫球思维区域是十分脆弱的，非常容易受到他人意见的影响。

在击球的时候，我们总能遇到一些想用话语激你输球的人。他们总是站在发球区上，时而自言自语："啊呀，左边的边界太窄了，我可千万不要打到那边去啊！"时而发出评论："哥们，你的上杆好像有点儿不对劲。"在高尔夫球界，人们把这种带有刺激性或者嘲笑的言论或行为叫做"扎针"。

"扎针"行为很少能够扰乱有经验的球员，相反，使用"扎针"的人内心相当缺乏安全感。在球场上的4个小时里，球手要学习如何专注于打球并且清除脑子里的一切杂念，排除"扎针"干扰。

不要急着预估成绩

在高尔夫球场上，成绩当然是大家最关心的。但如果想要打出完美的一局，建议不要急着预估成绩。

比如：打100杆水平的人，开始打出1～3个标准杆，就预想今天打出多好的成绩；打90杆水平的人，开始打出2～5个标准杆，就想着要打出80多杆的成绩。这些都是不可取的，因为期望过高，反而很容易出现达不到实际水平的情况。全力打好每一个球，才是眼下最重要的事情。

失之毫厘，差以千里

高尔夫球的挥杆只是一个动作，但是它却是由很多微小的要素组合而成的，用"失之毫厘，差以千里"形容丝毫不为过。如果在击球的时候，球杆的角度偏离越多，则球飞得越远造成的失误越大。如果在冲击球的瞬间，杆面角度差了两三度，那么球要飞到200码远的时候，距离就会差上20～30码。

只有正确的挥杆动作才能保持正直的杆面。在做击球准备的时候，保持球杆杆面正对击球方向，这样可以使你有更多的机会保持球杆杆面在冲击球瞬间处于正直的状态。没有什么比用正直的球杆杆面击球而且恰好以杆面的甜蜜点击中球更让人感到开心了，用甜蜜点击中的球绝对会以直线飞出，不会向这边或那边偏转。这种球通常只有在偶然情况下才能打出来。

BASIC EQUIPMENT OF GOLF

高尔夫
基本装备

　　"外行看热闹，内行看门道"。走进高尔夫球具商店，仿佛踏入了一座阿拉丁的神奇宝库。琳琅满目的高尔夫用品和各式装备让人目不暇接，它们不但拥有时尚的造型，而且无一不标榜能够为球手提升击球水准。了解关于高尔夫基本装备的知识，将有助于您为自己挑选得心应手的装备。

一 球杆
CLUB

球杆是高尔夫最主要的装备。球杆的角度及功能的差异，常常会影响到击球的成绩，因此万万马虎不得。

球杆由杆头、杆身与握把组成，长度在 0.91～1.29 米 之间。按球杆的不同用途以及材料特性，球杆被设计成不同的杆头形状和杆身长度，大致可分为木杆、铁杆、推杆。还有一种介于铁杆和木杆之间的球杆，叫铁木杆。每个球手最多可带 14 根球杆进场。这 14 根球杆应以如下配置为宜：3支木杆（通常是开球杆、3号木杆及5号木杆）、9支铁杆（3～9号铁杆、1支劈起杆、1支沙坑杆）和1支推杆。此外，球手还可视需要加入1支木杆或铁杆来弥补自己的弱点。

在高尔夫的学习课程中，选择适合自己的球杆并妥善保养，是一项和挥杆技巧同样重要的课题。有不少球手因为使用的球杆未能符合他们个人的需求，马上就让自己的差点数平白增加许多杆。

● 找到最适合的球杆

发达的碳纤维科技使球手在选择球杆时，更能针对个人的特殊需要，找出最适用的杆身。正确的球杆组合，就像合身的套装需量身定做一样。球具店商品架上的球杆当然都可以用来打球，只是仍应精益求精。

球杆选择虽取决于个人品位与喜好，但不从球感考虑，只随意挥几下杆就购买，并不是明智之举。用具店里所展示的球杆可能感觉很不错，让人有购买的欲望，但不一定是最适合你的。选择最适合你的球杆，对击球成绩的增进作用不容小觑。

杆头的球位是选择的最重要因素。杆头的球位指的是当你以自然的站姿，将杆头底部贴地平放在地上时，杆头底部与杆身所形成的夹角角度。如果夹角角度太陡，击球时杆头的跟部会先触地面，容易打出偏左的球。相反地，如果夹角角度太小，则会击出偏右的球。

身高不同，适合的杆身长度也有出入，不过差别应该不会超过2.5厘

杆头的球位

将球杆放在地上准备挥杆时，杆头的底部必须贴地平放。

倾斜角度

如何检查杆头的球位

在杆头覆盖上胶布，然后试着击出十来颗球。这样可以检测击球是否打中甜蜜点，以及杆头倾斜度是否正确。

击球后，球会在胶布上留下印子，显示出球是否击中杆面的中央。

如果大部分的球印是落在杆面跟部附近，表示杆头的球位太陡（反之是太平）。

米，通常一位专业人士很快就能目测出适当的长度差。至于如何找出正确的握把尺寸，请参考右图中的要领（如右图）。

杆身的选择与个人挥杆的速度和力道密切相关，当杆身不适合时，击球过程中会出现许多不必要的状况。杆身太坚硬的话，击球瞬间的杆头会落在双手之后，导致球偏向右方；而杆身太柔韧时，球则容易往左飞去。

杆身选择有个简单的通则：比较坚硬的杆身适合挥杆力道威猛、快速的球手；相对地，力道较小、挥杆较温和的球手则最好选择较有弹性的杆身。专业的店员只要看一个人试挥几下球杆，并配合检查杆头的倾斜角度，就能检测出他的挥杆特征。虽然目前大部分的球手还是以使用不锈钢杆身的球杆为主，不过碳纤维材质杆身的爱好者正日渐增多，特别是挥杆力道较弱的球手。木杆所配备的加大尺寸金属杆头，目的就是要帮助球手达到完美的击球率。

握把的尺寸

以平常姿势用左手握住球杆时，中指与无名指可碰触到手掌跟，才是理想的尺寸。

杆身的长度取决于个人身高及姿势

杆头

杆身的硬度及适用范围

代号	软硬程度	适用范围
XS	非常硬	力量特大的职业选手
S	一般	职业选手或力量特强的男性
MS	稍硬	有力量的男性
R	普通	一般男性
A	特软	无力量的男性或有力量的女性
L	极软	女性或青少年

选出理想的杆身后，再来就是要决定杆头的款式。现在的铁杆设计潮流也和木杆一样，渐渐转向采用大尺寸的杆头。

大尺寸杆头的配重覆盖面越广，杆面击中球的有效面积就越大，甜蜜点的面积也会越大。这种球杆对球手击球的小失误比较有弥补作用。使用木杆时，扎实中球当然会击出好成绩，但是当击球点稍稍偏离中心时，也还能有不错的结果。

大尺寸杆头的风潮来自凹背式球杆的问世。凹背设计、大尺寸杆头的铁杆，极适合需要通过球杆改良球技的球手，它和大尺寸杆头木杆一样，对击球误差的容许度较大。

还有一种是刀背式。凹背设计尚未发明前，刀背式铁杆头（以锻造不锈钢制成）是当时唯一选择，现在仍有许多人推崇此款铁杆为正统的球杆。

凹背式铁杆与刀背式铁杆

越来越多的球友在选择铁杆时，摒弃传统的刀背式杆头，改采用有周围配重设计的凹背式杆头。

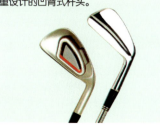

不过，现在几乎只有好手才使用刀背式球杆，因为这种杆头在扎实击中球时，球感极佳，但击球失误时，却毫无误差容许度，没有任何球技改良空间。（如右图）

木杆与开球杆

木杆依照其长度和杆夹斜面的角度可分为不同的号。号数越小，长度越长，球也打得越高、越远。木杆最常用的有1、3、4、5号，对初学者而言，3号木杆较为适用。

许多高差点的球手都很推崇木杆。木杆可以把球击高，比较适合用来开球、将球送过球道，或者从粗草区救出球。此外，木杆也比长铁杆容易击到球，尤其较高差点的打者大多不擅于使用长铁杆。

现代木杆的设计大多采用周围配重设计的超大尺寸杆头，材质方面多是以钢及碳纤维制成，近年来更出现钛合金制成的球杆，传统的木制杆头早已乏人问津。

越来越多的球杆制造商在标准球杆组中提供2号、4号及6号木杆，专攻高飞球的7号木杆也日渐普及，但球袋中的标准木杆组仍应是1支开球杆、3号及5号木杆各1支。现代4支木杆组合与过去不同，无非是为了能有效应对球场上可能发生的不同状况。

木杆与平均能击出的距离

开球杆：200～400码。球袋中最长也是能将球击得最远的球杆。

3号木杆：190～220码。标准的球道远距用球杆，同时也是较不会出状况的开球杆。

5号木杆：170～190码。适合用来将球击高甚过打远距球，也是适合用在粗草区救球。

7号木杆：160～180码。利用它来在各种情况下"脱困"日渐普遍。

（1码约等于0.9144米）

开球杆　　3号木杆　　5号木杆　　7号木杆

各式的开球杆

碳纤维科技对球杆的设计带来重大影响。杆头和杆面可以完全以碳纤维制成，也可以用碳纤维和不锈钢混合制成，现在几乎所有职业球手都使用碳纤维杆身球杆。不妨试试不锈钢、碳纤维及木头等材质的开球杆，最好也听听专家的建议。

钢制杆身搭配木制杆头
　　　　　　　　钢制杆身
木制杆头
　　　　　　　　加覆塑胶
　　　　　　　　嵌入物保护杆面

碳纤维杆身搭配碳纤维杆面
　　　　碳纤维杆身
　　金属杆头
　　　　　　　　碳纤维杆面

钢制杆身搭配金属杆头
　　　　　钢制杆身
　　金属杆头

碳纤维杆身搭配金属杆头
　　　　碳纤维杆身
　　金属杆头

三支最重要的球杆

开球杆、推杆和特殊铁杆，这是人们公认的最重要的三支高尔夫球杆。通常在一轮的打球过程中，球手使用开球杆的次数是14次，但是在同一天内，使用推杆的次数是23～25次。1.5米的推击算1杆，247米远的一次开球也算1杆，但是推击对球手的成绩影响更多一些。

从心理角度而言，开球杆是非常重要的。如果你从发球台开出漂亮的好球，会让你信心倍增；相反，如果你几次都把球打进了树林，你的信心就会动摇。

但是没有什么比推击入洞对心理的影响更大了。击球入洞会使你信心倍增、斗志昂扬，而且还会打击对手的情绪。推击好的球员可以跟任何人匹敌，推击差的球员不是任何人的对手。

一场球下来，特殊铁杆的使用率仅比推杆少，而多于其他任何一支球杆。特殊铁杆的用法是最具技术性的，包括果岭边切球、沙坑内劈沙和高抛攻果岭等。关键时刻，一支合适的特殊铁杆会助你成功化解危机。

铁杆

铁杆以软铁做杆头，比木杆稍为薄、小。它主要是用来控制短距离打击，铁杆可粗略分为长、中、短三类。长铁杆易于方向性的把握；中铁杆容易挥动，易于上手，适合初学者；短铁杆适用于在困难位置击球。铁杆分为1~9号，按用途分挖起杆、沙坑杆和推杆。

铁杆与平均能击出的距离

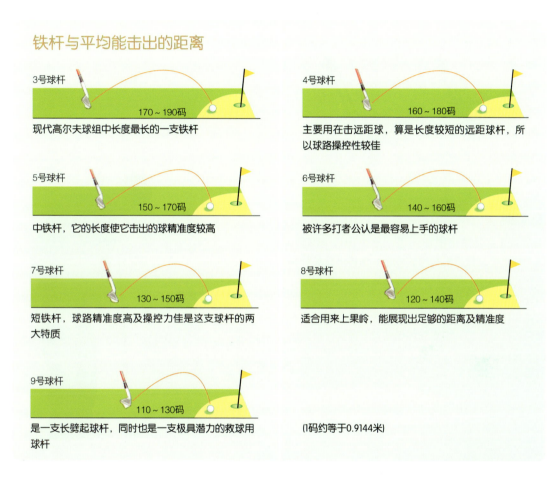

3号球杆
170~190码
现代高尔夫球组中长度最长的一支铁杆

4号球杆
160~180码
主要用在击远距球，算是长度较短的远距球杆，所以球路操控性较佳

5号球杆
150~170码
中铁杆，它的长度使它击出的球精准度较高

6号球杆
140~160码
被许多打者公认是最容易上手的球杆

7号球杆
130~150码
短铁杆，球路精准度高及操控力佳是这支球杆的两大特质

8号球杆
120~140码
适合用来上果岭，能展现出足够的距离及精准度

9号球杆
110~130码
是一支长劈起球杆，同时也是一支极具潜力的救球用球杆

(1码约等于0.9144米)

挖起杆

进攻果岭的长距离击球表现不佳时，就必须再补上一支挖起杆。历来果岭周围的短铁杆选择只有劈起杆和沙坑铁杆两种，但近来选择余地很大。许多特殊设计的挖起杆问世，以应对各种状况。今天的挖起杆和高弹道球杆一样，杆头都有嵌入黄铜或碳纤维的设计，以增加球路操控性。高差点的球手通常无法在标准的两支挖起杆内让球进洞，必须有三支以上的挖起杆才能达成。事实上许多杰出的职业球员都宁可在球袋中牺牲一支木杆或长铁杆的位置（以强力短击球者称的高球名将戴利，就常常在球袋中舍弃一支长球杆，加入第三支挖起杆）。有些职业球员在某些球场，甚至携带四支短铁杆。

永不嫌多的挖起杆

戴利的挥杆威猛有力是众所周知的，不过他在果岭周围的表现也很杰出，他比赛时球袋内的短铁杆通常都高达四支。

挖起杆的发展

挖起杆近来的发展与木杆的情形相似。这种球杆设计非常多样化，最新推出的是在杆面加嵌碳纤维或黄铜片，以改善杆面触击球时的球感。

碳纤维嵌面

黄铜嵌面

挖起杆与平均能击出的距离

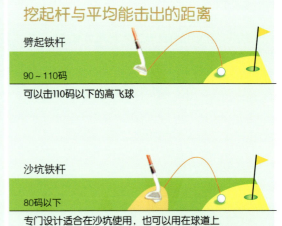

劈起铁杆

90～110码

可以击110码以下的高飞球

沙坑铁杆

80码以下

专门设计适合在沙坑使用，也可以用在球道上

推杆

推杆主要用来推球入洞，分为T形、L形和D形，杆面平直是它们共同的特色。推杆不论在杆身或杆头的设计，都与球袋中其他的球杆大不相同。推杆的设计是球杆中最千奇百怪的，早在凹背设计的铁杆头尚未发明前，周围配重设计就已经运用在推杆的杆头上了。许多球杆制造商不断努力研发出能改良球技的推杆，事实上要把推杆球打好，既没有困难的技术规则，也没有任何捷径。在选定理想推杆之前，要尽量多测试。

长推杆

近年来在推杆的革新设计上最毁誉参半的发明，莫过于杆身加长式推杆的问世。虽然有人认为长推杆有违高尔夫的运动精神，但许多一流的高尔夫名将，包括图伦斯都已开始使用。使用加长型推杆时，杆身末端几乎触及球员的下巴了。

选择正确的推杆

选择推杆时，自己感觉好就行了，因为高尔夫各种球具中，推杆的选择是最侧重个人因素的。它的选择要领既不多也不困难。

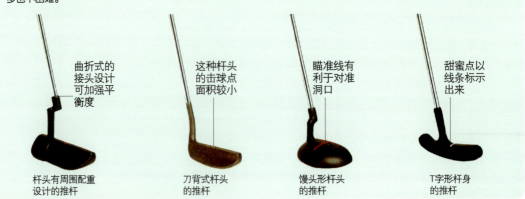

曲折式的接头设计可加强平衡度

杆头有周围配重设计的推杆

这种杆头的击球点面积较小

刀背式杆头的推杆

瞄准线有利于对准洞口

馒头形杆头的推杆

甜蜜点以线条标示出来

T字形杆身的推杆

球杆保养的秘诀

　　球杆一定要保持干净，因为杆头沟槽中一旦沾到泥土或青草，就会大大降低球杆的控制性。尽量在每次击球后立刻检视，发现有任何显著泥土附着，马上用球座较尖的一头剔除，再用毛巾擦拭。对于不易清除的泥土，则在赛程结束后再用小刷子和肥皂刷除。不锈钢非常坚固，折断的几率微乎其微，却会发生扭曲的现象，可以将杆身靠在笔直的线条上检测是否弯曲；碳纤维杆身基本上不会有弯曲的问题，却容易产生刮痕，可用加长型的保养杆头套，或在球杆袋中加上隔间。

　　球杆握把的保养最容易被忽略。握把的防滑套长期使用会磨损，这时需要进行更换。经常击球者最好每年更新一次握把。握把并不昂贵，有许多专业的高尔夫用品店提供依个人手掌量身订做的握把，而且增加的价差并不太大。

使用温和的肥皂水来清洗球杆上沾到的泥巴

用毛巾擦拭掉尘土与油脂

在赛程进行中，可以用球座清除杆面上的泥巴与草屑

沙坑杆

　　沙坑杆是专门为沙坑设计的球杆，它是依靠杆面下边缘的冲击力带动球，使球落地后弹回落点，或者即落即停。它也可以在球道上击球，比如你需要打出一个高抛倒旋球，来避开果岭附近的麻烦。但是，通常只有经过了大量训练的高手才做得到。

铁木杆

　　铁木杆，又被称作是"万能杆"或者"混血杆"，深受专业球手偏爱。如果想更快降低杆数，除了勤奋练习外，你还能选择一根合适的铁木杆。

　　铁木杆带有球道木和长铁杆的共同特征，在外观上更加既像球道木，又像是稍胖一点的铁杆。在长度上，它同样是介于两种不同球杆的杆柄长度之间。铁木杆杆头的重心比一般铁杆更低、更深，能够让球飞得更高，也更具稳定性。而且，因为高尔夫球落地的角度不同，往往更容易让球落地即停，这对很多球手来说，非常重要。

　　它们的杆面角度从13度到25度，底部为圆形，有些还有轨道，使得它们可被用在发球台、球道上、粗草区……比长铁杆用途更多。

　　有经验的球手都知道，利用铁木杆处理球道沙坑球，是个不错的选择。特别是当你遇上沙坑的边缘较高，用不上球道木杆，而且球道较长，又用不上铁杆这种两难境地的时候，铁木杆的优势就发挥得淋漓尽致。

　　当然，每个人的进阶方法不同，因此是否选择铁木杆，也只是个参考意见。如果你真心喜欢使用铁杆的感觉，但又留恋木杆的可打性，不妨考虑一下铁木杆。

球
GOLF BALL

经过漫长的岁月，高尔夫的球也有不小的变化改进。手工缝制的羽毛制球既轻又软，是一次极大的进步，并忠实地为球手们服务了两百多年。而古塔胶球的发明和使用则是一个巨大的突破。1848年，圣安德鲁斯的神职人员亚当·佩特森引入了古塔胶球（Gutty），与羽毛制球相比，古塔胶球更结实耐用，并且成本低，工艺简单，易于进行大批量生产，售价更使人们易于接受。不久，人们又发现把球面制成凹凸状，或加上纹路，可提高球在空中的气体动力。这样，古塔胶球便很快占领了市场。1900年，一种适用于不同水平高尔夫球手的哈斯克尔橡胶核球很快取代了古塔胶球。这种球的表层也以古塔胶球制成，不同的是，

羽毛制球 约1840年

古塔胶球 约1890年

内核为缠绕的橡胶核心，这使它能飞行更远的距离（平均在20码以上），并且更加结实耐用。1902年在英格兰的霍伊莱克举办的全英公开赛上，亚历山大·桑迪·赫德在72洞的比赛中使用哈斯克尔球击败了哈里·瓦登和詹姆斯·布雷德之后，哈斯克尔球的被认可度更高了。当时的大多数球手在巡回赛的一轮比赛中要用6～8个这样的球。

哈斯克尔球在整个20世纪不断被改进并日臻完善。1905年，威廉·泰勒发明了第一个球面上有凹坑的球，球面上的凹坑会尽可能地减少空气阻力，提升球的飞行高度，保证球在空中的飞行质量。几乎是同时，美国的伊拉泽·肯普沙尔和苏格兰的富兰克·明盖伊都在各自独立研制具有液体球心的高尔夫球。1920年，古塔树胶开始逐渐被球面表层效果更好的巴拉塔树胶所取代。而哈斯克尔球在使用了50年之后，于1927年，由斯波丁生产的双层球所取代。现代高尔夫球有两种：双层球和三层球。

双层球

如果尽可能击出远距离球能让你兴奋的话，双层球是你最佳的选择。从距离和耐久性来看，它无可匹敌，但缺点是旋转性差，大大降低了可操控性。

硬质球心

舍林外层

三层球

三合一球有两种外层选择。一种是质地较软的巴拉塔胶材质，这种球旋转性较高也较易操控，但缺点是弹力较差；另一种是舍林材质，这种球的弹力极佳，但旋转性较低。

由硬质橡胶包覆的液态球心

纤维组成的中间层

巴拉塔胶或舍林制成的外层

球上的标示中唯一与球的物质有关的，就是球的硬度（标示为80、90或100），其他数字都只是作为辨认用途。一般而言，硬度80用红色数字标示，硬度90和100都用黑色数字标示。选择硬度和选择杆身一样，要视个人挥杆的速度和力道而定。只有球技非常高超而且挥杆力道威猛的业余球手适合使用最高硬度（硬度100）的球。硬度90的球适合中差点的一般程度球手，硬度80的球则对女性球手很有帮助。

高尔夫球主要分为英式和美式两种。球的最大重量不得超过50.38克。美式球的最小直径为4.26厘米，供美国国内使用。英式球的最小直径为4.11厘米，供英国、加拿大以及国际团体高尔夫球赛使用。

服装、手套、球鞋
GOLF APPARELS, GLOVES AND SHOES

> 高尔夫用品有一个比球具和球更广大的市场，那就是高尔夫服饰与球鞋等附属配件。球手对流行时尚的追求当然是这些产品快速成长的主要动力，不过这些产品的特殊设计，的确可以为球手的表现加分。
>
> 一个不注意高尔夫配件的球手无异是将自己置于险境。一只不合手的手套、一双磨损变形的球鞋、一身不舒服的服装，都会影响球手的表现，当然更攸关他的击球成绩。

● 头上风景——球帽

在高尔夫运动中，球帽是不可缺少的用品之一，有多种款式可供选择。球帽一般采用纯棉材质。戴帽子的好处是遮阳、避暑和防止头发散乱影响视线。多数人喜欢戴鸭舌帽和没有帽顶的遮阳帽舌，部分中老年球手戴草帽。还有些选手戴各式毛呢帽和毛线帽，在天冷的情况下有保暖的作用。

天气防护

防寒和保持干燥同样重要。巴勒斯特罗深知球手担心天气状况时，便无法将球打好，所以做了万全准备。

● 把握时机——手套

戴手套打球的主要目的是为了填满手和握把间的空隙，使手与球杆轻松而牢固地连成一体，避免球杆击球振动时摩擦手掌，影响球感，并能防滑、防寒。

现在，几乎所有的一流职业球手都有戴手套的习惯。今天的手套设计融入了各式各样的流行色彩，不过，最重要的在于它必须能够提供舒适感以及最佳的握杆紧密度。以特殊材质制成，让手掌在下雨天也能对握把均匀施力的手套，是最受欢迎也最实用的。

手套的尺寸最好稍大一点，以五指能轻易分开为准，手套的每一部分都能紧贴皮肤为最上选。如果习惯空手挥杆，手套并非必需品。

翩翩风度——服装

球手的穿着要舒适得体、整洁干净、宽松自然，不能影响挥杆和推杆动作。服装质地要柔软，吸汗能力要强。在雨季打球，还要准备好轻便、宽松、既能防水又吸汗的雨衣和雨裤。

欧洲的高尔夫球手非常了解在气候不佳的状况下击球会遭遇的问题，所以不吝于添置防雨的高尔夫服装，这是明智之举。高尔夫雨衣依据高尔夫需求剪裁，一点儿也不会妨碍挥杆，至于其他防雨运动服装，例如登山外套，就没有这项优势了。高尔夫雨衣容许球手做大动作时不会发生细碎声，大部分都采用高透气性材质，以增加舒适度。

万全的准备轻松应对意外

为了应对球场上可能出现的意外，请带上以下物品：
◆备用鞋钉 ◆一副鞋带 ◆创可贴 ◆防晒用品 ◆防蚊虫剂

脚踏实地——铁钉鞋和球袜

高尔夫挥杆时身体的稳定度要高。挥杆是具有爆发力的动作，为了使能量完全发挥，一定需要稳固的挥杆平台，而且，打18洞高尔夫球得走数小时的路，球鞋的款式和材质显得格外重要。

一双好球鞋所费不菲，但必须准备一双以上的鞋子以应付各种状况。而且应随时保持清洁及柔软，真皮球鞋要小心防潮，才不会龟裂，高尔夫用品店都有售各种保护球鞋的鞋油。高尔夫球鞋的鞋底有12个左右的鞋底钉，可防止滑动，使选手挥杆时保持身体平衡。除此之外，铁钉扎出的洞，还有利于草皮根部呼吸空气，从而起到保护草皮的作用。

球袜以厚底、吸汗、透气、弹性好、能保护足部的棉质产品最好，颜色和款式要和整体服装相协调。

GOLF 球话

图凉快穿短裤挥杆 PGA罚美金500

PGA巡回赛有一项一成不变的禁令，在正式比赛场合，选手不准穿短裤上场，理由是穿长裤能维持高尔夫球这种绅士运动的地位。尽管像杰克·尼克劳斯（Jack Niklaus）这样的球星也提出修改这项规定的建议，但PGA官员的立场岿然不动。1992年，在弗吉尼亚州威廉斯堡帝王磨房高尔夫球俱乐部举行的安豪泽布什精英赛上，职业球手马克·韦伯（Mark Webber）面对39℃的酷暑天，不管有关规定，认为凉快舒适比传统习俗更重要，穿上短裤便上场。结果，韦伯被罚款500美元，理由是漠视规矩、表现失态。

其他配件
GOLF ACCESSORIES

除了球杆、球、服装、球鞋，还有一些配件是打高尔夫时必不可少的。它们让你更能享受打高尔夫的乐趣，令整个打球过程充满了轻松和愉悦。

球座

在发球台开球时使用的锥状支球架，用它将球垫到适当的高度再击打，能减少阻力，把球击远。木质球座是大多数球手选用的，但较容易损坏，塑料球座比较耐用。

杆头套

用毛线、皮革等制成的保护杆头的套子，集装饰性和实用性于一体，色调、材料和质地也越来越多样化。

球杆袋

球杆袋是装球杆的袋子，可装全套球杆和其他一些必需品（衣服、球座、球、球鞋、雨伞、毛巾等），可扛在肩上或将其放在手拉车上走动。材质多为皮革，口径20厘米左右。好的球杆袋应具有置杆平稳、质感平滑、整体骨架牢固等特点。可根据自己的身高、体重以及球杆的数量选择适当的球杆袋。

手拉车

用来拉球杆袋的车子。手拉车必须坚固、轻盈、轮轴大，便于适应球场上崎岖不平的道路。在选购时，车的大小以能放入自己汽车的后备箱为宜。现在的手拉车也有使用电池的，其设计越来越能满足球手的不同需求。

球标

一般用塑料制成，为图钉状，拿起球前，为了记住球的位置，需要在球所在的地方作标记。轮到自己打时，再把球标拿起，把球放回原处。

伞

在高球比赛中，一把大球伞是非常有用的，也是必备品之一。玻璃纤维伞既结实、轻巧，又可以在打雷或闪电的天气保证安全。

BASIC SKILLS OF GOLF

4

高尔夫
基本技术

　　"千里之行，始于足下"。熟练掌握高尔夫基本技术，是打好高尔夫的第一步。打球前的热身运动让你远离运动损伤；"黄金八定律"为你揭秘挥杆诀窍，助你掌握全套球杆的挥杆节奏；针对球场常见错误，精心打造完美修正方案，让你有效降低杆数。

热身运动
WARMING UP

肌肉、肌腱和关节等部位就像机器的零件，正式运转之前必须要先热机，才能发挥最大的功率。为了避免运动伤害，最好在时间表里面安排适当的热身，让紧绷的肌肉放松，促进血液循环，为正式比赛做好万全的准备。如果比赛开始，身体却还是很僵硬，不但会造成运动伤害，开始的二三洞也会变成热身赛，最后的成绩当然不理想了。

● 用两支球杆挥杆

当时间不够时，可试着用两支球杆做挥杆练习，让肌肉和关节为正常的挥杆动作预做准备。

● 转身运动

从肩膀后面握住球杆，让身体右转模拟上杆动作，然后再左转，就像下杆和送杆的姿势，这时上半身会感到来自下半身的阻力，通过肌肉伸缩，肩膀和腰部会渐渐放松。[图1]

● 侧弯运动

手臂高举过头部，双手握球杆两端，腰慢慢左弯再右弯，让较低的那只手往下拉，抵抗另一只手所产生的阻力，这样才能伸展脊椎两侧的肌肉，并且让肩部放松。[图2]

● 碰触脚尖

双手握住杆身，手臂直直朝下，从腰部开始下弯，缓缓降低球杆高度，同时让双腿绷直，这时会觉得腿筋拉得很紧，尽可能地往下，不过也不需要过于勉强，接着，慢慢抬起身体，恢复直立。[图3]

● 背部伸展

身体直立，双手握住球杆，高举到头部后方，脊椎往后弓起，在这个位置停留几秒钟，之后再恢复原来的姿势。慢慢重复这个动作，直到背部下方的肌肉放松为止。[图4]

膝盖保持弯曲，就好像正常挥杆一样。

位于上方的手臂会抗拒来自下方的拉力，让肩膀的肌肉放松。

从臀部开始下弯，让背部和肌腱放松。

手臂高举，让背部的肌肉伸展。

正确的握杆方式
CORRECT GRIP

握杆是基本动作中最重要的一环，正确的握杆绝对是把球打好的快捷方式之一。掌握一种有效的握杆法，不如想象中那么简单，一定要不断练习。正确握杆，让杆面在挥杆过程保持方正，你就无需做额外的修正了。

右手稳固地抓着球杆底部

将球杆斜斜地横过左手掌心

确认左手虎口形成的"V"是指向你的下颌

在将右手放在握把上之前，手掌应正对目标

从握把上方来看，左手拇指应该放在握把中央偏右的位置

GIST 1 把球杆轻放于地上，杆面对准目标，然后将自然下垂的左手前移，握把斜放在手掌上，由食指基部通过掌心，然后用手指包住球杆，拇指会落在握把中间稍微偏右的位置，左手只露出两个半指关节。

GIST 2 左手手指握住握把，球杆的尾端刚好贴着左手手掌心多肉的地方，左手大拇指刚好在握把中心点的右侧。左手就着这个定点握住球杆后，把杆前后挥动几下，以确定握杆是否扎实、稳固。

握杆位置
握把顶端约留下2厘米（3/4英寸）的长度。如果手指尖刚好接触到掌心多肉的部分，就表示球杆的握把尺寸刚好适合你。

右手以手指
握住握把

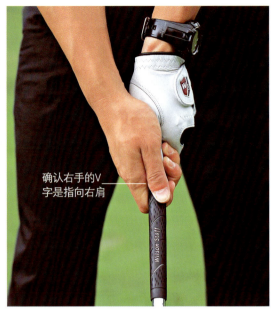

确认右手的V
字是指向右肩

GIST 3 接着伸出右手，掌心面对目标，以手指指跟握住握把后，再以手掌包覆握把。最后，为了确保握杆的扎实度，以右手手指握住握把，食指就如同处于"扣扳机位置"。

GIST 4 这里示范的是重叠式握杆，因此右手小指会搭在左手食指上。此外右手大拇指要斜放在握把上。此时你的左手应该只能看到两个指节。

实用练习：扣紧扳机

　　右手大拇指和食指形成的"扳机效果"相当重要。当动作正确时，右手食指和中指的关节是分开的，同时，大拇指是斜放在球杆杆身侧面。为了加速习惯手指位置，你可以随时利用以下的方式检测。用右手握住球杆，举起球杆约与膝盖同高，然后将中指、无名指与小指放掉。如果大拇指和食指的位置正确，它们所形成的"扳机效果"就足以支撑球杆使其不落地。

各种握杆方式

　　目前常用的握杆方式有三种，分别是棒球式、重叠式、互锁式。棒球式握法比较适合年轻或是双手力量较小的球手，顶尖好手中，现今只有极少数职业球员采用此法，欧洲莱德参赛球员洛斐帝可能是当代使用棒球式握杆法的球员中表现最优异的；最普遍的则是重叠式握法，右手小指搭在左手食指上，佛度和艾尔斯都是采用这种握杆方式；互锁式握法则是由重叠式握法所衍生，以右手小指扣住左手食指，不少采用此法的球员夺得大赛的冠军，如尼克劳斯、1992年美国公开赛冠军凯特及1995年英国公开赛冠军戴利，这三巨头应足以使互锁式握杆法深具说服力了。

棒球式

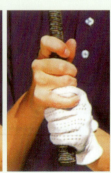
重叠式

互锁式

左手球员

　　找出完美握杆的步骤，也同样适用于左手球员，只不过左右手互换。

掌握或指握

　　根据用手的不同部位握杆，可分为掌握法和指握法。左手用掌握，虽然可以牢固地握住球杆，但腕部却不能灵活运动；指握法则可以使腕部灵活运动，较适合手小力弱的女选手。

右手指握法　　　　　　　　　　左手掌握法

V字形底角指向

　　根据拇指和食指所形成的V字形底角的指向，握杆法可分为方形握法、钩形握法、切形握法，这里演示的是方形握法和切形握法。

方形握法　　　　　　　　　　切形握法

标准的预备站姿
STANDARD READY STANCE

进行瞄准时的身体曲线，一般称之为预备姿势，它对挥杆动作的轨道形状以及挥杆品质有着不容忽略的影响。标准的预备姿势，自然就能为获得好的挥杆效果打好基础。

轻轻举起球杆往前方伸出

手臂放松，不可紧绷

上半身从腰部往前弯

正确的脊椎角度，要从髋关节开始下弯，直到杆头碰到地面

保持轻松握杆

舒适而挺直站立

将杆头缓缓下降并轻轻地放在地上

GIST 1 采用你常用的握杆方式，双脚尖保持适当的距离，然后挺直站立，双臂轻松而舒适地向前伸出，与胸部同高。

GIST 2 慢慢地将身体从腰部往前弯，维持躯干和手臂间的夹角，随着身体弯曲将球杆缓缓下降，直到杆头碰触地面为止。

头不可低下，
保留足以让肩
膀旋转的空间

采取稳固但轻
松的握杆方式

将杆头瞄准
目标物

膝盖微屈，
保持弹性

GIST 3　最后，微微屈膝，不要太弯，脚筋感觉稍微拉开即可，当杆头触击地面时，臀部稍稍往后推出，同时收小腹。姿势正确的话，会有一种"蓄势待发"的感觉：身体轻松但不松垮。

GOLF 球话

重心转移

在一个有效率的挥杆中，上杆时重心要转移到后脚，下杆时则转移到前脚。这样不仅能增加力量，也有助于维持平衡。然而，要是准备时的重心分配不正确，就无法达到上述目的。大部分球手都不知道使用不同球杆时，重心分配要配合调整。实际上，这也会随着各种球路而有所差异。以1号木杆为例，以扫击的挥杆方式最能打出较好的效果。在击球准备时将较多重心放在右侧，会更容易以正确的角度击球，这个原则对大角度的木杆和长铁杆也同样适用。

不同球杆的出击姿势

球杆越短，球越靠近身体，所以整个身体的姿势也就会随之变"小"。击打200米以上的远距离强打时和击打10米左右的挖起杆球时，身体姿势自然就不同了。击打挖起杆的球时动作姿势很小。

3厘米原则决定站位宽度

在所有球杆中，使用1号木杆需要最具威力的挥杆。因此需要最宽的站位，才能提供最多的稳定度来支撑这种剧烈动作。然而从3号铁杆到挖起杆，站位要跟着渐渐缩减，同时球位也会逐渐接近站位中间。以下是三种"基准"位置，可以借此揣摩每支球杆的理想站位。

3号铁杆：站位宽度比1号木杆窄3厘米，球位也应该从左脚跟内侧往后移3厘米，为了让杆头在挥杆圆弧的最低点击中球，这种调整是必要的。

6号铁杆：站位再缩减3厘米，球位也应该再往后移3厘米。

9号铁杆：站位在6号铁杆的基础上再缩减3厘米，球也应该再往后移3厘米。因此，9号铁杆和1号木杆之间，不管是站位或球位，都有9厘米的差距。

这个3厘米原则，可以简单地解决球位和站位的疑惑。正确的站位不但为挥杆提供了稳固基础，也能确保杆头以最理想的角度干净地击中球。

木杆与长铁杆

击球准备时身体的重量有大约60%放在后脚，上杆到最高点时才能顺畅地把重心转移到球后方，如果你希望以需要的扫击动作击球，这将是非常重要的准备动作。

中铁杆与短铁杆

用较短的球杆，应该将重量平均分配：左右脚都是50%。平衡的位置较能产生正确的击球角度，不同于木杆和长铁杆，中短铁杆是以稍微向下的角度击球。

双手和大腿
保持一手的宽度

如果站得离球太远或太近，都很难扎实击球，惟有找出理想的中间位置，才能自由击球，而不需任何补充动作。检查双手和握把顶端，与大腿上缘间的距离有多远。理想的距离是一只手的宽度，这样才能有足够空间让你的双手和手臂自由挥动，同时也不会远到让你打不到球，这就是理想的中间位置。虽然一手宽度原则非常好用，还是有可以调整的空间，不过，要是距离调整超过5厘米以上，将会对挥杆动作造成不良的影响。

挥杆的空间

如果握把顶端和大腿间有一只手的宽度，表示身体与球位之间的距离正确。

按照脚的站法可分为闭式站姿、开式站姿和方形站姿，前面演示的是闭式站姿，开式站姿与闭式站姿相似，区别在于闭式站姿是右脚比左脚向后稍微拉开，而开式站姿是左脚比右脚要向后拉。

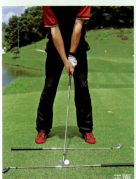
正面

侧面

方形站姿

两脚的连线和球飞行的方向线平行的站姿称为方形站姿。

侧看两臂姿势

球杆支撑于身体正面稍向前倾，左臂伸直，右臂抱向怀中。

后看姿势

打远距离球时，头在球后方，右肩稍低。

四 球位决定站姿
LIE AND STANCE

在练习场上打球时，因为朝着一定的目标在固定的地方挥杆，故出击姿势不易出错。站姿可以利用打席板或踏脚席的边缘来检查。在球场上打球可就大不一样了，因为没有现成的目标，所以一定要自己设定目标，再决定采取合适的出击姿势。基本的方法是，在出击前站在球后，在球前方50米处假设好目标与球的连接线进行练习。决定好目标、假设好连接线后就可以决定出击姿势了。这时先将球杆正面放在球后方，小心地调整使球杆正面放在球后方，使球杆正面和球成直角，然后决定出击姿势。

在球与目标的连接线上定出假目标，依该线来决定站姿。

站姿的决定方法

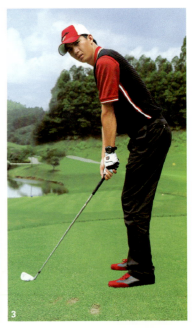

1 首先站在球后方设好线。

2 球杆面与该线呈直角状，将球杆面紧靠在球后方。

3 确认好目标后决定双脚站立的幅度。

开球时宜采用稳固站姿

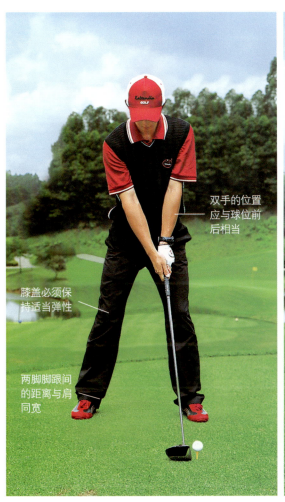

双手的位置
应与球位前
后相当

膝盖必须保
持适当弹性

两脚脚跟间
的距离与肩
同宽

使用挖起杆时站姿较窄

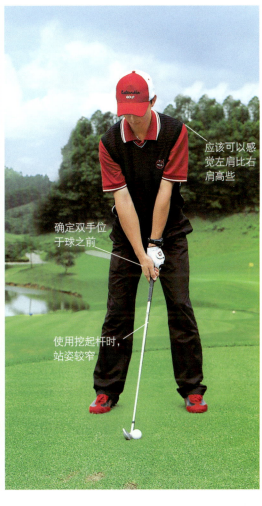

应该可以感
觉左肩比右
肩高些

确定双手位
于球之前

使用挖起杆时，
站姿较窄

GIST 1 由于开球杆是球袋中最长的球杆，所以使用时，双脚间的距离自然应该比使用其他球杆时宽，球位应置于左脚跟内侧。

GIST 2 相对于开球木杆，挖起杆是球袋中最短的球杆，所以使用挖起杆时，双脚距离必须相对靠近些。挖起杆不用于击出长距离球，因此需要的挥杆弧度较小，也就是说，挥杆时对身体重心平衡的要求比较不严格。至于其他球杆所需的站姿宽度，就介于开球木杆与挖起杆的站姿宽度之间，球手可以从测试与失败经验中，找出最舒适、最适合自己的站姿。

错误指正：不当的站姿宽度

良好的击球准备姿势可以带出完美的挥杆，同样地，不当的姿势也会对挥杆造成极大的障碍。以站姿的宽度为例，如果两脚间的距离过大，臀部和肩膀就无法做出足够的旋转，直接限制了上杆动作；如果两脚间的距离太小，便无法形成挥杆过程中所需要的稳固重心基础，虽然身体旋转的空间比较大，但是重要的杠杆原理因缺乏重心而不易发挥作用，挥杆能量也就不能凝聚，身体更会失去平衡而晃动。

调整准确度

挥杆时，杆头的击球面务必瞄准目标，身体的目标线也绝对要和杆面平行——这就是所谓完美的平行瞄准。要达到完美的平行瞄准，必须掌握以下要领。

以球位为出发点，瞄准目标，打出目标线

 站在球的后方，集中注意力，沿着目标线远眺目标。评估该以什么方式击球、球可能的飞行路径以及落地位置。

目光集中，瞄准选定的中间瞄准依据

瞄准希望将球打到的地方

将球杆瞄准几尺外的中间瞄准依据

正确的角度可以帮助手臂自然下垂

注意左手手背务必朝向目标

将杆头以垂直角度放在球后方

双脚脚尖形成的直线一定要与目标线平行

GIST 2 确定将要采取的击球方式后，在目标线上找出一个距离球位一球杆远的辨识点，作为中间瞄准依据，这个点可以是一块草皮或是一片落叶。将杆头击球面瞄准这个中间瞄准依据，不必去瞄准遥远目标—— 洞上的旗杆。

GIST 3 杆头击球面与球垂直后，接下来就要找出适当的站姿。如果想击出直飞不偏倚的球，则双脚、臀部及肩膀都要与杆面垂直。

错误指正：瞄准错误的负面影响

　　瞄准是击球准备中最易出错的步骤，如果没有及时改正，会使整个挥杆路径走样。当采取闭式站姿时（图1），所有瞄准要件都瞄准在目标的右方，造成杆头在上杆过程中过度带向内侧；当采取开式站姿时（图2），则会造成杆头从目标线外侧带上杆，击球结果也不理想。千万记住，挥杆过程的每个动作都环环相扣。不好的开始，绝对不可能在后续动作中得以补救。一定要避免挥杆过程充满矫正性质的动作。

1

2

BASIC SKILLS OF GOLF

启动挥杆动作

做好击球准备姿势后，球手多半会做一些启动挥杆的预备动作。这些动作有助于更平顺地抓住挥杆的启动机会。感受不到挥杆启动时机，或上杆动作过快的球手，可以尝试利用挥杆启动动作来改善。

全神贯注地凝视远方的目标地点

双手轻松地握住球杆握把

将球杆轻轻地放在球后方

重心平均地分配在两脚

头向右转动一下，让肩膀有足够的旋转空间

双手轻松地握杆，手腕轻轻挥动球杆

调整双脚，直到找到完美的站姿

注意左右挥动球杆后，不要造成杆头与目标线偏差

GIST 1 采取极端狭窄的瞄准目光。努力将意志力集中在目标地点，仿佛周遭的一切事物都不存在。

GIST 2 轻轻挥动球杆，以消除双手及手臂的紧张，并让双手感受到杆头的重量。稍稍移动双脚，保持双脚自然，可以在挥杆过程中将重心左右移动。

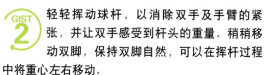

消除紧张

将球杆左右轻轻挥动几下，确定紧张的感觉没有从双手上传到手臂与肩膀。

实用练习：如何保持轻松握杆

双手握杆过紧，会使挥杆在尚未启动前就注定失败。双手的紧张状态会导致手臂紧张，继而使肩膀紧绷——这种情形下产生的挥杆弧度相当有限。

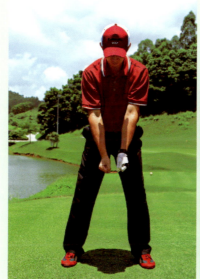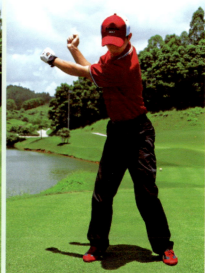

不管哪种球杆，握杆都应以轻松为原则。多做以下的练习，可以帮助双手保持轻松状态。

以正常的击球准备姿势站好，双臂自然放松、下垂，模拟上杆动作，你会发现手臂很轻松地就到达挥杆顶点的位置，肩膀和上半身的旋转也容易多了，整个上杆动作平顺无滞碍。

五 全套球杆的挥杆节奏
SWINGING RHYTHM

挥杆总是先后摆球杆，经过上挥达到挥杆顶点，然后球杆再向下挥，尽可能击中甜蜜点，球被击中飞出后球杆向前上方顺势上扬，直到结束动作。上述动作全过程就叫做挥杆。这节介绍的是全套球杆的挥杆节奏。掌握好之后，对你球技的提高大有裨益。

● 挥杆的"黄金八定律"

在高尔夫历史上，没有哪两位球手的挥杆是完全相同的，然而所有优秀的球手都遵循着高尔夫的"黄金八定律"。

黄金第一定律：不要"银样镴枪头"

高尔夫的挥杆是由一系列动作构成的，而不是由姿势组成的。可许多球手过于注重做出"正确"姿势，虽然看着很漂亮，但一有压力就全乱套了。用中国的一句古话来说，就是"银样镴枪头"。

上杆时，双手与双肩离开击球准备位置，将球杆挥到身后。这样，球杆就能很自然地上杆到顶点。"镴枪杆"球手总是惦记着要"转体"，他们通过转体带动球杆，这样双手和双肩就会变得被动，从而使球杆往内侧拉，球杆到达顶点时就耷拉下来了。请记住，整个挥杆要以球为主体，而转体动作则以躯干为主体。控制球的不是你的身体，而是杆头。

黄金第二定律：紧张是挥杆的"杀手"

紧张会影响你的身体和头脑。紧张往往源于准备不足或期望过高，它会在挥杆前渗透到意识中去。举个例子，许多业余球手在打果岭球时，一心想着要选一支能恰好将球打到旗杆周围的球杆，但往往选错了杆。问题一旦发生，心里就开始犯怵，在挥杆时就特别用力，想以此补偿选杆错误的损失。其实最聪明的做法是，多拿一支杆出来作选择，挥杆时量力而行即可。

假如击球前没做好热身，击球时身体就会变得紧张。拉伸肩部和大腿肌肉，有助于放松，让你的身体达到更好的打球状态。

黄金第三定律：让手脚活动起来

我们说一个球手"感觉"很好，是指他能判断出球杆在挥杆全过程的状态，以及身体对球杆的反应良好。如果你在打球时将注意力多集中在双手与双脚，你也可以培养和提高这种感觉。

双手是身体唯一直接与球杆接触的部分。对杆头的感觉主要来自握力，重量不同的球杆，所需的力度不尽相同。木杆的握力最小，因为它杆头最轻，杆身最长；而握沙坑杆就要紧点、用点力，因为它杆头最重，杆身最短。为了得到正确的握力，在挥杆前将球杆提离地面掂一掂，感觉杆头重量，此时双臂和双手会对此作出相应的反应。上杆时，身体重心会偏离目标线；下杆时，身体重心又重新向目标线靠近。身体平衡和双脚息息相关。在重心移动的过程中，双脚应一直处于运动状态中，而不是死钉在地面上。因此做击球准备时，要记得多抬抬脚趾、脚跟，让双脚活动起来。

黄金第四定律：好的挥杆来自好的击球准备姿势

已过世的著名高尔夫教练小戴维·洛夫（Davis Love Jr.）曾说过："用心做好挥杆准备姿势，你的挥杆将事半功倍，反之则事倍功半。"这就是说，在击球准备中，姿势准确与否是关键。

若瞄球（杆面的摆放）不当，即使挥杆很好也不一定能打出理想的好球。首先，杆面要正对目标，一旦杆面瞄准目标，请根据杆面位置调整身体、站位。

很多人在瞄球上会犯一个通病：两脚尖连线指向目标而不是杆面正对目标，造成站位过于封闭。双脚尖连线应该与目标线平行（球与目标的连线）。站在球后，平行地伸出双臂，右臂、小球与目标三者的连线，就是目标线。左臂所指的那条线即是站位所在。然后，把一支球杆放在右臂上，杆面正对球。当真正击球时，杆面的位置应该与此时一致。

黄金第五定律：身体和双臂同步

为了打出强有力的球，很多球手挥杆时常犯这样的错误：一上杆到最高点，就马上转体，急着下杆，结果杆头触球滞后，出现"找球打"的现象，造成右曲球。本想打得远点，反而打得更近了。使杆头产生速度最理想的方法是控制好节奏，使挥杆动作像钟摆那样活动自如。

为了更好地体会"钟摆"般的挥杆，可以做这个练习：先将杆头放在球的前面，向前挥杆至收杆，从收杆处往后挥上杆，然后再像平常那样下杆击球。此时你会感觉到双臂和球杆带动着身体击球。

做好钟摆式的挥杆，速度和节奏需要相互配合。挥杆速度指的是组成挥杆的各个环节的速度；节奏是指挥杆时处于运动状态下的各环节之间的相互关系。沃森（Tom Watson）的挥杆速度要比埃尔斯（Ernie Els）快，但他们身体各部位与球杆之间的相互关系，也就是节奏，却是差不多的。因为他们都拥有很好的节奏感。如何确定最适合你的挥杆速度和节奏？用1号木杆全挥杆打出一个100码左右的球，然后加快挥杆速度，打一个球到150码……如此50码、50码地往上加，直至达到你挥杆速度的极限为止。在此过程中，你的挥杆将逐渐平稳，并找到一个最适合你的挥杆速度。这个练习也有助于促使身体各部分的运动与球杆保持协调，培养节奏感。

黄金第六定律：保持后倾

挥杆过程中，触球时头部应位于球的后面。这样能使你身体绝大部分重量放在了球后面，而不会往前冲而导致右曲球。只有在击球后，身体才会因为挥杆的惯性和手臂动作而前倾收杆。

你的头处于球后多远取决于你所用的球杆。球杆越长，着地角（即球杆杆身和地面所形成的角度）就越小，头的位置就越靠后。因而当你用木杆打架在球座上的球时，头的位置最靠后；打短铁杆时由于击球角度比较陡直，头位也随之靠前，但决不要超过击球准备时头的位置。

确定正确的头部位置，应注意击球准备时脊柱的倾斜角度。用左手拇指和食指圈成球状，伸出左臂，同时脊柱稍稍向右倾斜，就好像拿着1号木杆做击球准备一样。保持倾斜角度，右臂往上向"球"挥去，右臂朝上挥向"球"时，注意头要依然保持在靠后的位置。

黄金第七定律：左臂负责压低，右臂负责高吊

果岭周围的基本打法有两种：其一，低飞球，着地时球速很快，往前滚；其二，高吊球，能"软着陆"在球洞周围。打低弹道的劈击，主要是用左臂控制球杆。用左手握杆往前"拉"，记住要让手始终位于球之前，包括击球瞬间也如此。试着仅用左手握8号铁杆来练习击球，细细体会其中的精妙。

高弹道的劈击则是靠右臂控制，右手在击球时与球处在同一平面或稍稍靠后。右手单手执沙坑杆击球，感觉杆面底部边缘从球底部扫过，并将球打起来。

黄金第八定律：认真练习试挥杆

具有良好挥杆节奏感的球手在挥杆前，都会有节奏地摆动他们的球杆，这样做不仅能放松双臂的肌肉，还可以在挥杆前事先体会到挥杆时的动作和感觉。

摆动球杆前，你可以在地上划一个标示摆动轨迹的圈：沿着目标方向线开始，向后绕个小圈，然后沿着一条从内到外、与目标方向线稍有偏斜的轨迹再回到球上。挥杆前做这样一个小小的演习，让肌肉留下那种感觉的记忆，并为你带来一个漂亮的挥杆。

铁杆

　　铁杆是球袋中最精准的球杆，每种铁杆都是为了击出特定距离所设计的。整体而言，可以把使用铁杆的情况区分为两种情况：一种是推进球，在长洞中，基于进攻果岭的考虑，把球打到特定的位置（让下一球比较好打）；另一种则是进攻果岭球，把旗杆作为击球目标。不管是哪种球，弹道和距离都是首要考虑。掌握好每种铁杆的技巧，可以改善铁杆击球的质量。而且，通过这些练习，还可以提高击球的准确度和稳定度。

找出每支铁杆的距离

　　每支铁杆都是为了特定的击球距离所设计，然而这距离对每个人来说并不相同，这是指每位球友都会有属于自己的"个人距离"。下面这项练习可以帮助你了解自己每支铁杆的状况，并记录每支铁杆的击球距离范围，这能让你在正式下场时，更精确地选用球杆。

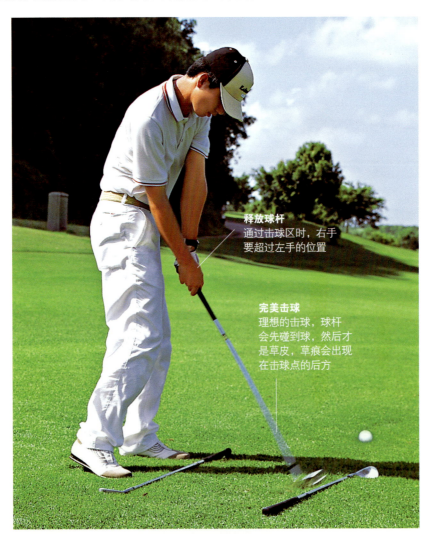

释放球杆
通过击球区时，右手要超过左手的位置

完美击球
理想的击球，球杆会先碰到球，然后才是草皮，草痕会出现在击球点的后方

GIST 1　在地上放两支球杆，作为站位的参考，摆出最佳的平行瞄准站位。拿出所有铁杆，每支铁杆各击出15球，每打完一支球杆，就用跨步测量大部分球的落点，并记录这个距离，最远和最近的几颗可以忽略不记，因为这几球可能无法精确反映出正常的击球范围。

调整重心，以取得理想的平衡

　　击球准备时的重心位置对实际挥杆形式所产生的影响，远远超出想象。下面这个简单的练习方法，可以帮助你学习重心转移和铁杆挥杆动作间的相互关系。利用击球准备时两种极端的重量分配方式，借错误示范来找出正确的重心平衡。

采用这个姿势，挥杆时就必须抵抗身体向前的倾向

✗ 重心太向前

采用这个姿势，挥杆时就必须防止身体往球的反方向倒

✗ 重心太向后

采用均匀而平衡的准备姿势，就可以做出良好的挥杆

✓ 完美的重心

GIST 1 做好击球准备，但将身体大部分的重量放在脚尖上，然后开始挥杆。这时候身体和头部都会往上，同时朝后倾。同时，身体的重心会转移到脚跟，以避免往前跌倒，这好像站在悬崖边，身体会摇来摇去以取得平衡。当你为了要修正这个突如其来的高度提升，击球时身体也会刻意往下，让杆头碰到球。采用这种方式很明显地会让挥杆动作失去平衡，造成无法施力或保持稳定。

GIST 2 反过来，在击球准备时将重心完全放在脚跟。虽然这样很奇怪，不过很多球友都是采用这种方式击球。若将重心放在脚跟，会造成击球准备时的站姿过高，因为察觉到这样的变化，会不由自主地想要修正动作。所以上杆时，身体的自然反应会将头和身体往下，希望回归正确的挥杆高度。然而重心忽然往前，下杆时会失去平衡，重心又会回到脚跟，也就是刚开始重心的位置。

GIST 3 最后，试着把重心平均放在脚跟和脚尖中间，这就是最完美的平衡状态。

用往前摆动的动作开启挥杆的序幕

　　击球准备时，导致身体紧绷、双手僵硬的原因很多。可能是握杆握得太紧，也可能是对接下来的挥杆感到紧张。不管是什么，击球准备时的僵硬会让起杆动作缺乏协调性，因而破坏接下来的挥杆，击球点也会偏离正确的轨迹。为了让起杆动作更为顺畅，可尝试下面的练习，用往前摆动的动作开启挥杆的序幕。

 摆出击球准备姿势，不过要作一些调整：让杆头稍微上移，停在球的上方。

 将杆头朝着目标的方向往前摆动75厘米左右，接着直接上杆到顶点，并试着让这一顺畅节奏继续保持着，然后下杆将球击出。

把每次试挥当作正式击球

戴维斯·拉弗是一位非常出色的高球好手,典型的挥杆型打法无人能出其右,他的击球节奏异常顺畅,感觉一点都不费力,这要归功于他的击球想法:"把试挥练习当作接下来击球的演练,当杆头正式放在球后的那一刻,我要做的就是重复刚刚练习试挥时的动作。"

让所有正确动作定格

为了让挥杆落在正确的轨迹,利用几分钟的时间握住球杆空挥,练习挥杆中几个关键的位置,能让你正式击球的效果更好,同时让你的挥杆不至于走样。因此,如果平常没时间练习击球,这个练习能让你在下场之前,球技不会过度生疏,还可以帮助你发展出肌肉记忆和良好挥杆技巧的感觉。

GIST 下次要练习铁杆时,在你要打球之前,先拿出铁杆练习顺畅的挥杆动作。让整个注意力集中在挥杆节奏上,并建立加速通过击球区的感觉。接着开始做出击球准备动作,融入刚刚挥杆练习的感觉,让杆头顺着轨迹加速直到触球,也就是向下平稳加速的击球点。要想象你并不是在打球,只是要用出挥杆的动作,杆头刚好是通过球。

GIST 以慢动作做出"分解"的挥杆动作,并在几个关键的位置上暂停。参照挥杆的连贯动作,检查自己的每个动作是否正确。试着将看到的动作融入自己挥杆的感觉,这能渐渐引发在挥杆中几个关键点的"肌肉知觉"。

每次练习都要注意击球姿势

用铁杆练习时，最好选择草地，效果会比在练习场的垫子上好。这有助于"监控"你的击球质量，在仔细修剪的草皮上进行以下练习，就能找出最明确的结果。

GIST 1 把球放在草皮上的理想球位，在目标线外侧两颗球宽度的位置，摆上第二颗球，并且与第一颗球呈一条直线。拿出8号铁杆，用平常的挥杆方式打第一颗球。

GIST 2 将击球后出现的草痕，与第二颗球的位置作比较，检查草痕是从哪里开始产生的。中铁杆的理想击球，草痕会从击球点之后开始出现。

停一下再开始击球

GIST 上杆到下杆间的转换是挥杆的关键之一，改变方向的时间非常短。结果通常有两种：良好地做出开始下杆的第一个动作，并成功蓄积挥杆的能量；或者，脑袋一片空白忘了要击出好球，只是急急忙忙地想用力往下打。很显然，第一种情况才是我们想要的。

摆出平常的击球准备姿势，并请助手在到达上杆顶点时帮忙抓住球杆。以重心往左侧转移，并使臀部稍微回转的方式开始下杆。因为助手已经先将杆头牢牢抓住，你会感觉到手腕有一些压力，前臂和杆身的夹角也会变得尖锐。接下来开始练习挥杆，并试着模拟出步骤2所产生的感觉。记住，当你要从上杆转换成下杆时，要让杆头稍微停顿个几分之一秒。

手腕压力
因为球杆固定不动，所以手腕上会产生一些抵抗的力量

握紧球杆
握住杆身上半部

头部随重心往后移

这个练习需要助手帮忙，它能帮你测量出在上杆时，你的头部到底移动了多少。这对那些相信头部绝对要定住不动的球手来说，绝对很有启发。

 GIST 1 摆出平常的瞄球姿势，请助手站在身旁。让助手拿一支球杆，垂直地悬在自己身前。从正面看，挥杆者的头部会被杆身分成两半。

GIST 2 如果挥杆动作正确，上杆时重心会右移，头部也会整个移动到助手手上球杆的左侧。头部的位置如果没有移动，或是移到助手的右侧，都是错误的，表示上杆的重心没有转移到正确的位置。可一再重复上述步骤，直到助手确认上杆时，挥杆者的头部已确实移动到球杆的左侧为止。

利用影子学挥杆

下面这个简单的方法，能让你解读自己的挥杆动作。不过，这需要阳光的配合。因为只是挥杆练习，不需要击球，所以视线可以从球上移开，转移到影子上。

GIST 1 摆出击球准备动作，让阳光直接从背后照过来，并让球落在身体影子的正中央。拿出长铁杆，摆出上杆到顶点的姿势。理想的状况下，影子会向你的右侧移动，球会暴露在阳光之下，显示出重心已转移到身体右侧，这也是成功上杆的要素之一。

GIST 2 让身体维持同样的方位，再一次做好击球准备，并在影子的最高点放一支球杆，上杆时仔细观察影子中头部位置的变化。良好的挥杆动作，头部不会上下晃动，从击球准备到触球之前，几乎都维持在同样的高度上。

GOLF 球话

下杆速度要与上杆一致

鲍比·琼斯（Bobby Jones）这位杰出的高球名将，同时还是一名高球教学大师。他的诀窍之一是：开始下杆的速度，应该与开始上杆的速度一致。这能避免过于仓促的下杆倾向，而破坏击球。如果双手、手臂、球杆和身体有充足的时间同步运作，击球动作自然更协调。

相同速度

开始下杆的速度与开始上杆的速度一致，这样才有机会做出不疾不徐的挥杆，并让身体的各个部位同时运作，借此获得有效的进步。

用左眼瞄球让击球更扎实

如果你在开始下杆时，上半身会往目标方向滑动，称为"提早超过球"。如果出现这种情况，击球时身体就会没有支撑点，丧失杠杆作用的平衡，力量也会被抵消，造成软弱无力向右飞的球。在这样的情况下，想要以杆面正中心触球也就非常困难。下面的练习方法，能矫正下杆时身体"提早超过球"的倾向。

双脚并拢击球

挥杆动作非常复杂，必须让身体的很多动作一起进行。但是，还是可以将整个挥杆过程分为两个核心元素：手臂的挥动和身体的转动。其中手臂挥动部分通常会被忽略，原因在于大部分球手在挥杆时，都太过依赖肩膀和身体的肌肉。下面的练习能帮助你在挥杆时，让手臂扮演适当的角色。

GIST 把球放在地上，让球上的商标与地面平行，接着转动球，让商标转到球的中线，这样在做击球准备时，眼角刚好可以看到标志的边缘。上杆到顶点，让左眼注视球上商标的后方（闭上右眼会有帮助）（如上图）。下杆过程持续注视球上的商标，直到杆头碰到球为止。

GIST 拿出6号铁杆，做出击球准备动作，双脚间的距离不要超过15厘米，轻轻握住球杆。用送杆的动作将球扫出去，在这样的挥杆中，你的手臂和双脚将会扮演比身体更重要的角色（如上图）。如果无法保持平衡，表示身体转动的幅度太大，同时手臂的动作不够。不断练习，直到能维持平衡为止。

　　所有好球员的挥杆中有个相同特征，那就是 "延迟释放"，这不属于意识性的动作或技巧，只要把握好下杆的时间点就可以。从上杆顶点到下杆的后半段，要让手腕和杆身间的夹角维持不变，最后再松开手腕，在击球瞬间让杆头达到最大速度。然而，这只是挥杆中的短暂瞬间，试着模仿这个动作是相当危险的。下面这个非常有效的练习方法，能帮助球手将 "延迟释放"融入挥杆动作，并把握正确的下杆时间点，在击球瞬间让杆头达到最大速度。

上杆
做出3/4的
上杆，让右
手臂像平常
一样弯曲

下杆
下杆通过击球区时，
感觉右臂会被拉直

 GIST 1 拿出6号铁杆，握住球杆，双手间的距离至少7.5厘米。

GIST 2 开始练习挥杆，让动作尽量顺畅。在你通过击球区时，要感觉右手臂被拉直。在往下加速到达击球点的过程，渐渐让屈腕松开。这样在挥杆到最低点的位置，会发出明显的 "嗖"的声响。

GOLF 球话

左手臂要伸直吗?

　　要做出完全的上杆，需要适当的转身和重心移转，如果左臂还能伸直，那身体的柔软度绝对异于常人。所以，大部分职业球员都会让左臂稍微放松，让肘关节微屈，这样上杆动作才能完全而且不紧绷。你也可以采用同样的方式，只要在挥杆的最高点时，让球杆不要超过水平线即可。

手掌朝下将球挤出去

使用短铁杆时，所有的高手都会在击球瞬间减小杆面角度，这表示触球时杆身会倾向目标，让球更具威力也飞得更远。但技巧较差的球手反而会在触球时增加杆面角度，让杆身朝目标的反向倾斜，从而打出一记很软的高飞球。如果杆头在击中球之前就已通过挥杆轨迹的最低点，可能产生"厚击球"，或"薄击球"（球沿着地面飞）。这两种情况的差异，基本上是由于球杆进入击球区时，右掌位置不同造成的。下面的方法包含正确和错误的姿势，可相互对照。

错误的位置　　　　　　　　　　　　　正确的位置

GIST 1 摆出平常的击球姿势，右掌做出上杆动作和往下通过击球区的动作。在应该会击中球的瞬间，右掌开始往上抬，很多业余球手就是用这种方式，把杆面往球上送。

GIST 2 前面步骤同上，在右掌到达击球区时，让掌心对着球，手腕背面稍微弯曲。

短铁杆击球的方法

短铁杆击球，杆后挥到最高顶点时的击球方向性较好，所以在头顶位置挥动球杆是正确的。

短铁杆击球的控制

由于短铁杆是以击球上果岭为主要目的，所以对击球的距离和方向要求较高。击球上果岭的距离通常在50～70米，这种情况下必须控制球，这时利用9号铁杆来调节距离较好。

上杆

保持右膝弯曲能在挥杆中创造阻力，防止上杆过度，造成力量与控制的损失。

下杆

下杆时，保持右膝弯曲，能产生较宽的挥杆圆弧，产生理想的1号木杆击球角度，也就是扫击。

让大拇指朝上

正确转动双手和手臂，对挥杆非常重要，否则，就无法以适当速度把杆面方正地送到球的后方。球手要是有上述的问题，在上杆时只要想象"让拇指朝上"，问题便迎刃而解。

上杆
当手臂与地面平行时，拇指会朝上

击球之后
手臂再次与地面平行，拇指也会再次朝上

GIST 1 手上不要拿球杆，摆出平常的击球准备姿势，把左手靠在身后或放入口袋。像上杆一样举起右臂，身体往后转，在小臂与地面平行时停住，这时拇指会指向天空，手背会面向身体的后方，这表示前臂和腕关节的转动幅度都非常正确。

GIST 2 向下挥动通过击球区，当前臂与地面第二次平行时，再度停住。此时右拇指还是会指向天空，手背会面对身体的正前方。

屈膝，增加挥杆阻力

对大部分球手而言，在上杆时让右膝维持弯曲，能够避免臀部扭转超过45度。这能让上半身形成"扭紧"的状态。下面的练习非常简单，能轻易地让右膝维持弯曲状态。

GIST 拿出任何一支铁杆，采用平常的击球准备姿势，检查有没有适度屈膝，接着将左手从球杆上拿开。接着做出像平常一样的上杆动作，将重心转移到右脚，保持屈膝。在上杆顶点时，头部应该要在弯曲右膝的正上方。重复上面的动作，把注意力放在上半身的转体和重心转移到右膝这两个动作。用双手握住球杆，试着把同样的感觉融入正常的挥杆动作。上杆时如果膝盖打直，会造成反向转轴，重心会落在左侧；膝盖要是滑向右侧，就会让身体太靠近球。

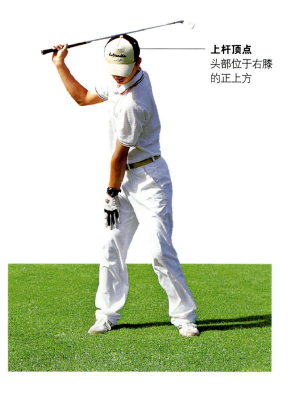

上杆顶点
头部位于右膝的正上方

完美的铁杆击球

GIST 1 击球准备姿势很完美，因为击球准备的各个角度，对挥杆有决定性的影响，能促使正确的后续动作跟着发生。此外，瞄准也很棒，双脚、臀部、肩膀等部位都各自平行，挥杆更容易落在正确的轨迹上。

GIST 2 完美的身体转动，结合双手和手臂挥动的表现，产生出完全位于理想平面的上杆。在上杆顶点球杆没有平行于地面，不过这并非挥杆的必要条件，因为转体动作已经非常完全，手腕也已经完全弯曲。

GIST 3 挥杆进入击球区时，脊椎的角度和准备时完全相同，不需要在中途调整高度，让杆面回到击球准备时的位置，有助于击球点落在杆面的正中央。

GIST 4 因为在下杆的前半段就先把身体左侧清空，所以有足够的空间顺畅挥杆，以正确的轨迹通过击球区。

GIST 5 不管是2号或8号铁杆，大约使用80％的力道挥杆，平稳加速通过击球区，让球飞出预定的距离。完美而平衡的送杆动作，是对自己挥杆具有绝对控制的证明。球友们也应该试着把这么漂亮的送杆平衡，转化成自己挥杆的特色。

⚪ 木杆

开球杆

以威力十足的完美全挥杆，开出一记又远又直的长开球，是球场上最快意的事情。这种美妙的感觉，球技精湛的顶尖球员感受得最多，也是一般球手深深向往的。只要掌握正确的开球技巧，还是可以在开球距离上获得长足进步的。开球一般用1号木杆。

◎握杆方式

握杆方式对杆面击中球的方式有决定性影响，一定要引起重视。

●如果会右曲，试试强势握杆

如果你是弱势握杆，也就是双手拇指和食指形成的V会指向下巴，击球瞬间杆面就不会正对目标，通常会呈开放状态，会形成扫过的触球，以及一个软弱的开球（通常是右曲球）。为了避免这种情况，你需要试试强势握杆。

GIST 1 拿出1号木杆，采用平常的握杆方式。松开右手，这样你就可以仔细观察左手，如果握杆太弱势，则左手只会看到一个指关节。

✗弱势握杆

GIST 2 右手握住握把下方，以稳定球杆；左手稍微放松，向右转，直到可以看到左手的三个指关节，左手大拇指应该位于握把中间偏右的位置（还是要指向地面），左手大拇指和食指间的虎口底部（即V字的尖端部分）会指向右肩。右手重新握住握把，大拇指和食指间的V也指向右肩，这时只可看到右手的一个指关节和左手的三个指关节（别超过三个）。

练习方法：使手臂挥动与身体同步化

失去手臂挥动和身体转动间的协调性会造成挥杆缺乏韵律性，并使动作显得笨拙。发生这种情况时，就算准确击中球，球还是缺乏活力。大部分球友的身体太早转动，快过双手和手臂的动作，这是造成开球右曲的主因之一：由于下杆时肩膀和上半身太快转动，把双手和手臂甩到理想挥杆平面的外侧，使杆头由外向内切球。如果你常开出右曲球，试试这个练习，其中有些根据是来自哈利·瓦登的建议，他可是六次英国公开赛冠军的纪录保持者。

◆拿出1号木杆，像平常一样上杆。在上杆顶点，专心地在肩膀和上半身开始回转前，让双手和手臂将球杆往下挥动到臀部高度。当你继续下杆时，身体会自然地配合手和手臂的动作开始回转。

像平常一样上杆到顶点

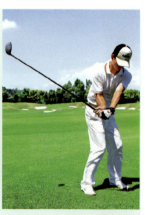
在身体开始回转前，想着让双手和手臂往下挥动到臀部高度

● **如果会左曲，改回中性握杆**

　　手在握把的位置，会影响挥杆过程杆面的方向。如果球友们常因击出左曲球而苦恼，可能是握杆太过强势，这表示杆面在击球时过于封闭。这刚好与击出右曲球的状况相反，矫正左曲球的诀窍之一，就是让过于强势的握杆弱势一点。改采用较中性的握法，有助于让你以方正的杆面击中球后方。

GIST 　从球袋中取出1号木杆，采用开球的握杆方式。松开右手，如果握杆过于强势，往下看时，可能会看到左手的四个指关节。用右手紧握住握把下方，小心地让左手朝左侧转，直到看到左手后方两个或两个半的指关节。右手重新握住握把，此时右手位置会比较位于握把上方，有别于之前看不到右手上任何一个指关节，现在应可看到两个指关节。此外，右大拇指也会更靠握把的上方，而非右侧（如同采用过度强势握杆的状况）。

摆好拍照姿势改善平衡

　　避免开球有用力过度倾向的诀窍之一，就是牢记简单的一句话：保持平衡。如果挥杆时，只专注于做出完美平衡的收杆动作（好像要为俱乐部荣誉榜拍照而特别摆的姿势），挥杆绝对会在控制之内。如果你在送杆时无法保持平衡，就会以超出控制范围的方式挥杆。

完美的镜头

　　在平衡良好的送杆中，重心应转移到左侧，右脚跟离地，皮带扣也要正对目标。

◎ **开球技巧**

　　发球区是球场中可以任由球员自行决定球位的地方。在决定球位前先谨慎思考，灵活利用发球区的最大优势。良好的开球技巧，可以为击球成绩加分不少。

● **球座插浅一点，增加球飞行的高度**

这是正确的1号木杆击球准备动作，整个上半身都会在球的后方

BASIC SKILLS OF GOLF

使用1号木杆时，脊椎不能垂直于地面

脊椎向目标反向倾斜，左肩会稍微抬高

脊椎稍微往右倾，右肩也会降低

脊椎稍微往目标反向倾斜

虽然身体站得离球位远些，还是要保持背部挺直

想击出左弧球的话，握杆位置越高越好，球座也要插得浅些

比正确的习惯站立位置还要往后移约5厘米，使挥杆平面圆一点

双脚原本的位置

较圆的挥杆平面

将球座插浅一些，可以使挥杆平面较接近圆弧，圆弧形平面有助于击出左弧球。

艾尔斯：保留力道

如艾尔斯等职业球员，都会在开球时保留部分力道。开球落点在球道中间，绝对远比球多飞40码而落入粗草区好。只有情况特殊，必须挥出极长距离时，职业球员才会卯足全力击球。如此，击出的球扎实平稳，而且几乎都能达到理想距离。

GIST 球座的高度不同时，可以有修正挥杆路径以及使球飞得够远的效果。当目标在顺风方向，而且所需达成的击球距离相当远的话，建议将球座比平常插得浅一点。高度高的球座有助于击出较易受风向影响的高飞球，顺风的天气情况下，球会飞得离目标更近。

● **球座插深一点，增加球的穿透性**

头尽量保持不转动

背部注意挺直，站姿也比平时稍稍直挺一点

击球准备时要能感受到腿的脚筋拉直

握杆位置放低，球座插得比平时深，方便采取高挥杆方式，可有效降低击出曲球的几率

双脚原本的位置　想要打出右弧球，脚的位置必须站得比平时更靠近球一点，这样可以使挥杆平面变

将1号木杆握短

从球袋取出1号木杆，用正常握杆法，摆出击球准备姿势。稍微调整握杆，让双手往杆头的方向下移3~4厘米，左手上方可明显看出外露的握把，这种方式又称为"握短"球杆。然后像平常一样挥杆，你应该会体验到控制更好的感觉。虽然你缩短了杆身长度，代表稍微减少了挥杆的圆弧和长度，但是不需要觉得必须在挥杆中做调整，因为这些都会自动产生。

挑高挥杆

将球座插深，方便采取高挥杆，营造较陡直的挥杆平面，利于击出右弧球。当目标洞左侧有危险区，建议您将球座插深，握杆位置放低，以右弧球避开危险。

GIST 强风天气是远距离的一大杀手。从发球区开出的球飞行的高度越低，就越不容易受到风的影响。将球座插得深一些，球的弹道就会较低，较具穿透力。但是当球座高度较低时，注意杆面触击的角度不要太陡。因为太陡的杆面触击角度会使球反方向旋转，反而飞得更高。

实用练习：转动背部朝向目标

使用1号木杆时，"低而慢"是很好的起杆。以下的练习，对上杆时缺乏方向感，或者是开球一直有困扰的球友来说非常有帮助。

当你在上杆时，试着把背转到指向目标。这能促使你做出更完全的肩膀转动，同时也让身体重心在上杆时更容易转移到右侧，此外，在到达上杆顶点时，也能帮助你让挥杆保持在正确的位置上。当你到达上杆顶点时，试着让挥杆指向目标。这对开球时大部分都出现右曲球的球友特别有用。这是因为有这种倾向的球员，在上杆顶点时球杆通常是指向目标左侧。这会造成目标线外侧的下杆路径，击球瞬间形成目标线外侧切过球，产生右曲球。

GIST 1 完美的准备动作，膝盖弯曲得恰到好处，站姿非常平衡。脊椎前倾的角度，刚好可以让手臂自然地垂放在身前。双手和大腿顶端间，留下了舒服的距离，提供了以正确轨迹挥动球杆的足够空间。平行瞄准也很棒，脚趾、膝盖、臀部都平行于目标线，杆面同时也正对着目标。

GIST 2 完美地融合了身体转动和手臂挥动的动作，手腕适当转动，将球杆定在完美的挥杆平面上，左肩也正好在下巴下方通过。

开球时顺畅地挥杆

逆风开球，要比平常更用力，所以很容易失去平衡，这样不仅没办法打出好球，也损失了距离和准确度。事实上，想要维持平衡并不难，只要把双脚的距离增加约13厘米，采用比正常站姿还宽的击球准备姿势，就能达到目的。此外，这样也会缩短挥杆长度，让动作更精简，触球也会更结实。另外，球不要架得太低，因为常常会让你的球角度变陡，球很容易就像气球一样往上飘进逆风中，尽管如此，球还是要架得比平常稍微低一点，来产生低一点的飞行弹道（不过还是要专心做出把球扫出去的动作）。

顺风的情况刚好相反，风势会帮忙把球的距离拉过，所以这时候最好改用3号木杆，杆面的角度会让球飞得更高，然后就可以靠风的力量把球送得更远。

稳固的基础

在强风中打球很容易影响平衡，这是最主要的问题之一，把站姿加宽让下盘更稳固，挥杆时也将会更稳。

GIST **3**　上半身的身体转动动作非常细致，左肩正位于下巴的下方，双手位于右肩的上方，这是挥杆在正确的平面上的标准姿势，双脚的动作也非常稳固。

GIST **4**　双手和手臂已经开始向下摆动，几乎到达臀部的高度，然而上半身还是纹丝不动，这有助于把球杆导向内侧的轨迹，随后便可释放出所有的能量。

GIST **5**　通过左转，有足够的空间把球杆送上正确的轨迹，杆头将球击出后，球杆又回到目标线的内侧。

GOLF 球话

右膝保持弯曲

　　右膝的位置是成功使用1号木杆挥杆的重要因素。在上杆与下杆时，让右膝保持良好的弯曲，会有两个好处。首先，这能在上杆时让双脚和臀部产生阻力，这不仅是挥杆力量的主要来源，也能有效避免上杆过度以及失去控制。第二，在下杆时让右脚保持良好弯曲，能让右脚跟停留在地上的时间更长，避免形成太陡峭的击球角度，对1号木杆来说，真正需要的是较浅平的挥杆方式。

球道木杆

　　球道木杆杆面窄，重心低，杆头小，有助于高尔夫球在空中更好地飞行。圆形边缘的杆头能将击球时对草皮的破坏程度减至最小。这种杆头还有另外一个好处：当球击厚时可以增大球杆反弹力，从而推动球杆向前。

　　使用球道木杆上挥杆前，做一下轻摇杆头的练习，试挥一两次。这可以让你的手在挥杆到顶部时保持良好的姿势，并确保正确的扣腕动作。

GIST 1 当你使用球道木杆时，一定要确定你保持了正确的姿势。球道木站位与短铁杆不同，球的位置在左脚跟的外侧，两脚距离也比铁杆稍宽，接近于开球杆的站位，允许你挥杆时有一个更大、更广的动作。身体重心稍微前移至脚趾。手和臂应该从双肩自然垂下，不要使劲伸杆去够球。瞄球的时候，保持膝部弯曲，感觉你的后背是向外伸展的。

实用练习

　　一个最好的练习方法就是让别人握住一支球杆放在你的脊背上，转动骨盆，保持背部平直，不要成弓形。这也要求你的手和臂应该从双肩自然地垂下，不要使劲伸杆去够球，在瞄球时保持脊背和杆身垂直。

手和臂应该从双肩自然垂下

保持膝部弯

球的位置在左脚跟的外侧，两脚

身体重心稍微前移至脚趾

GIST 2 上杆时要尽量上平一些，平着上去，圆弧大一些。

GOLF 球话

保持双臂和肩膀在击球准备时形成的三角形

随着球杆已经向后上杆，保持双臂和肩膀在击球准备时形成的三角形。在上杆之初的30厘米左右范围内，杆头尽量保持很低几乎是扫着地面上的草。保持这个三角形不动非常关键，有助于产生略宽的挥杆轨迹和充分转体。

在上杆过程中，扭转右髋以上的中部部位。

GIST 3 通过击球点时，头部和身体上部要在球的后面，杆头底部擦着地面将球击出。尽量保持杆头靠近地面，直到双手牵引着指向目标方向。送杆时要慢一些，而且挥杆路径要低，就像是撇去草叶上的水珠一样。要集中注意力，不要过早抬头。最后，自然收杆。

GOLF 球话

学会"穿过"球

使用木杆时，正确的挥杆弧线应该是长而宽且平滑的，这与短杆的挥杆弧线正好相反。用木杆击球的时候，应该感觉是从草坪上掠过球并把它"扫"出去。送杆要充分伸展出去，这意味着挥杆弧线会更宽。完成这个动作的好方法就是想象"你要击的球"在球前方几厘米的地方。最后，你将能够学会如何"穿过"球，而不只是击在它上面。

BASIC SKILLS OF GOLF

不同挥杆方式的使用要诀

平扫式挥杆

当球处于良好的落球位置状态时，先作试挥杆，将注意力集中在杆头扫过时接触的草皮上。该挥杆最低点，即杆与草的接触位置应与球位一致，通常位于左脚（前脚）跟部延长线靠后5厘米。

▲应用原理

即便是用球道木杆平扫过球将其打起，杆头在触球时也应该是向下运动的。这可以增进产生扎实的触球以及球的倒旋，使球能够飞到空中。许多球员总想帮助球飞起来，结果是让挥杆轨迹的最低点移到球的后方，导致击球时出现打到球后方的地面上，或者打在球的上部。

向下式挥杆

当球位于长草区、削起的草皮印痕和无草的秃泥地等不良位置时，将球位向后移5厘米，然后照常挥杆。同样先做试挥，从调整后击球准备姿势中体会挥杆的最低点位置。球位的后移会相对减少杆面的倾角，所以应选用倾角稍大的球杆加以补偿。同时向目标稍微偏左的方向瞄准，因为当球位靠后时，球倾向于朝右飞。

▲应用原理

简单调整击球准备姿势，使其回到自动改变挥杆的形态，这能使触球的角度变得陡直，而较陡直的挥杆轨迹可促使杆头在着地之前触球。

铁木杆

　　铁木杆也叫混合杆，是铁杆和木杆的结合球杆，带有球道木和长铁杆的共同特征，通常铁木杆的杆头相对比较重一些。更像铁杆的一般叫做开球铁，而更像木杆的叫做万能木。

铁木杆开球

　　铁杆外形的混合杆大多对技术要求比较高，因为加厚的杆缘让球友在一些比较困难的地形无所适从。但对于高差点球手来说，开球铁就显得更重要些。如果既需要木杆距离又需要铁杆准度，铁木杆带来的轻松的发球和完美的路线就太让人满意了。球道越变越长，也许你就到了非铁木杆不可的境地。

　　在3杆洞或狭窄的4杆、5杆洞开球时，铁木杆是迟早有用的。除非是3洞，否则应该使用杆面倾角最小的铁木杆，因为你需要尽可能地增加击球距离。铁木杆比1号木杆要短，这使得它更容易控制。铁木杆的杆面倾角也大，给球的倒旋较多，侧旋较少。从前，长铁杆是1号木杆的最佳代替品，而铁木杆效果更好。它的杆面有着与1号木杆相同的膨起，能够给球更多正确的旋转，让你可以打出左飞球或右飞球。

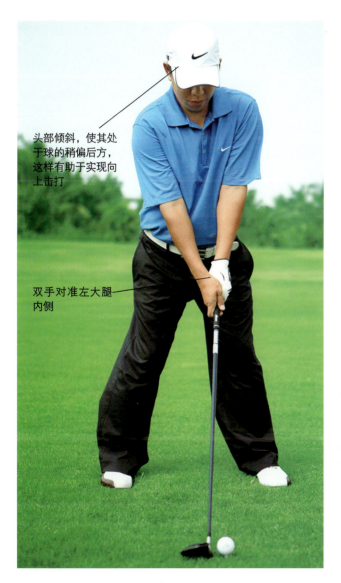

头部倾斜，使其处于球的稍偏后方，这样有助于实现向上击打

双手对准左大腿内侧

GIST 1 　铁木杆的杆身较之木杆稍短，用起来感觉像长铁杆。铁木杆的站位方式应有助于实现向上击打，做出扫击。站位距离比用1号木杆时近一些，球位在两脚中心延长线偏左的位置。双脚脚跟间距与肩同宽，球对准站位正中前方，双手对准左大腿内侧。头部倾斜，使其处于球的稍偏后方。采用这种击球准备的姿势，可以很轻松地挥杆，同时保证击球实在。

头部保持在球
后方

身体重心前移

抬高左肩，保
持瞄球时身体
的倾斜角度

右肩和右髋向
着目标转动

左髋向上、
向外移动，
为手臂的挥
动留出空间

GIST 2 踝部向着目标横移，身体重心前移，使球杆沿正确的下杆轨迹移动，头部保持在球后方，使你积蓄的能量能够保持到冲击球时。

GIST 3 踝部横移之后，使右肩和右髋向着目标转动。同时，抬高左肩，以保持瞄球时的身体的倾斜角度，确保实现向上的、有力的击打。注意这些动作如何使你的左髋向上、向外移动，为手臂的挥动留出空间。

GOLF 球话

倾斜角度

身体的倾斜角度在上杆、下杆时必须保持不变，直到冲击球时，这使得杆头能够在向上移动时触球。如果你的身体不再倾斜了，你就会做出向下的击打，这正是需要避免的。

适用打法

安全打法
在任何一个Par4（代表标准杆为4杆）洞，如果你用铁木杆开球可以使球落到距离果岭150码以内，则不要犹豫。

明智打法
长的Par3洞（你一般会用4号铁杆或更长的球杆）。铁木杆带来的高弹道能够使你做出软着陆的远距离击球。

得分打法
所有的Par5洞。两次铁木杆击球加上一次切击等于更多的小鸟球机会。

 GIST 4 击球一定要压住。在冲击球时使髋部开放，胸部与目标方向平行。这样，你可以发力击打，而不必担心会打出左曲球。

 GIST 5 右侧身体继续移动，顺势送杆。

杰克·尼克劳斯：踝部横移

以踝部横移动作来启动下杆是挥杆的必要条件。杰克·尼克劳斯清楚这一点，因此他的踝部横移做得比任何人都好。他的标志性动作使得大肌群腿部肌肉能够迅速发力，使其成为他那一代人当中最强有力的球手。当然，不是每个人都能像杰克那样做出踝部横移。但是，只要使踝部横移一点点，就能够为你的铁木杆挥杆带来不可思议的变化。

铁木杆球道击球

远距离攻果岭击球一般要用长铁杆。但铁木杆的击球距离绝不逊色于长铁杆，而且它兼具钛制杆头1号木杆及其超大号甜点带来的容错性。此外，铁木杆的底面是弧形的，杆头底面前缘也是弧形的，减小了草叶的阻力，使你不必像用长铁杆那样加大击球力量。根据以上理由，球手应该把2号、3号铁杆，有时候也包括4号铁杆，留在旅行箱里，代之以铁木杆。

铁木杆在球道上的击球与铁杆有点差异，铁木杆球道击球需要与开球相同的扫击动作。杆头可以触地，但不能削起一块草皮。

上杆至顶点时，将左侧身体完全转到球后。记住一句名言："使你的右裤袋处于身后。"这是一个很实用的挥杆口诀。当你以右脚脚跟为轴转体时，应感觉到右大腿的拉力。这就是卷绕的感觉，积蓄的力量将在冲击球时发挥出来。

上杆时，左肩、左髋和左膝做出卷绕动作，与右大腿的阻力对抗；下杆时，右膝横移，降低右侧身体高度，做出扫击动作。

正确的挥杆离不开严格的动作顺序：以下肢动作启动下杆，以上肢动作完成下杆。因此，以膝部和踝部动作启动下杆是很重要的。然后，双手做出还原动作，做出有力的一击。

如果在球道上使用铁木杆，最简单而有效的动作就是，以右膝横移来启动下杆（所有高手膝部移动的幅度都要远远大于髋部）。这个简单的动作能够使你的右腿横向弯曲，降低你的整个右侧身体高度，使你的右肩低于左肩，让你得到最佳的击打角度。

实用练习

将杆头置于右膝稍下方，杆面稍微开放，抓住杆颈。右膝横移（同时抬高右脚脚跟），使杆面闭合。如果在球道上使用铁木杆，那就是你在下杆时所需的动作。

适用打法

安全打法

Par5的第二杆，如果完全没有希望攻上果岭，可以使用铁木杆。

明智打法

Par4洞攻果岭击球，如果果岭处于射程之外，可以使用铁木杆。

得分打法

各种距离的攻果岭击球，如果需要用到5号铁杆或更长的球杆，可以用铁木杆代替。

约翰尼·米勒：膝部横移

当约翰尼·米勒赢得四大赛时，他的招牌式的膝部横移动作就是他的助推器，那正是你在使用铁木杆时需要学习的动作。这个动作使得他的右侧身体处于球后，直到他的肩部、髋部和双手带动球杆进入冲击球的过程。

铁木杆粗草区击球

　　粗草区击球时，要确保球安全地高高飞起，应选择杆面倾角最大的铁木杆。较大的杆面倾角有助于把球从长草中高高抛起。

双手对准左大腿内侧

球位在两脚中心延长线偏左的位置，球对准站位的正中前方

GIST 1 球位在两脚中心延长线偏左的位置。双脚脚跟间距与肩同宽，球对准站位的正中前方，双手对准左大腿内侧。头部倾斜，使其处于球的稍偏后方。

GIST 2 上杆一定不要上得过高。

以右肩向着下巴方向推动球杆

以左肩向上拖动球杆

右肩持续向下移动

左肩持续向上移动

手部动作积极与转肩动作相配合

GIST 3 启动下杆时，以左肩向上拖动球杆，以右肩向着下巴方向推动球杆。这种推与拉的动力会创造出粗草区大力击球所需的扭矩。不要停止转肩，试着以右肩追赶左肩。铁木杆在粗草区击球，需要的是充满力量的挥杆，如果杆头速度不足，球杆就会被草叶拖住。

GIST 4 冲击球的过程中使右肩持续向下移动，左肩持续向上移动。要做出正确的粗草区大力击球动作，需要使手部动作与积极的转肩动作相配合。

实用练习

在胸前持铁木杆，握柄贴着左肩，使球杆牢固地保持在原地不动，因为你需要使肩部迅速移动。摆出下杆至中途的姿势，然后使右肩迅速移到下巴下方，做全挥杆的收杆动作。加里·普莱耶很擅长这个动作，本·霍根也是如此。这说明了他们为什么能够战胜当时许多比他们更高、更强壮的球手。

用铁木杆做一次挥杆练习，在触球前停止。保持几秒钟，然后双手迅速移动，做出还原动作。确保右腕弯曲，带动左腕翻转。重复几次，体会在冲击球之前、过程中和之后手部迅速移动的感觉。

特殊情况

如果球陷得很深，或者草叶是湿的，则放下你的自尊心，乖乖使用铁杆，先把球打回球道上。除此之外，都可以给铁木杆在粗草区开绿灯。

维杰·辛格：还原动作

尽管维杰·辛格称雄巡回赛的时代正是铁木杆流行的时代，但他远在把功能球杆放进球包之前，就已经拥有了招牌式的还原动作。辛格弯曲右腕的动作如此积极，使得右掌实际上已经离开了握柄。

铁木杆切击

要避免特殊铁杆击球打厚，那就需要尝试使用铁木杆切击。使用杆面倾角最大的铁木杆，使球飞越果岭边比较长的区域，并使球在着陆后向前滚动较长距离。

用铁木杆切击，主要靠的是肩部动作，其次是小幅度的手腕上翘和膝部前移。即使距离球洞30米，铁木杆也足以使球靠近洞边，因此你需要的是集中精神做标准的推击动作。但与使用推杆时不同，使用铁木杆切击，你必须做出向下的击打动作，才能够实现结实触球。

铁木杆反弹较大，容错性更强。如果你在切击时经常打厚，铁木杆会很适合你，但你必须做出角度递减的击打动作。首先杆身向目标倾斜，双腕上翘，使杆面稍微开放，然后向下击打，争取击中球的下半部。

球处于右眼正下方，站位窄一点（脚跟处于肩部内侧），重心稍微靠前一点，偏向左脚，确保肩部水平。使杆头底面触地，杆身稍微向前方倾斜，使杆面与目标方向线垂直。

上杆时双腕稍微上翘，肩部保持水平正如站位时一样。手套上的商标应指向目标方向线稍偏右侧，这说明有效杆面倾角是正确的。做钟摆式挥杆动作，使手臂和肩部组成的三角形保持不变。加上一点手腕动作，以增强手感。下肢保持静止。

下杆、冲击球时，手腕由上翘恢复平直，手臂、握柄和杆身作为一个整体向着球移动，争取以铁木杆的杆面下缘击打球的下半部。冲击球姿势应与瞄球姿势相同，重心偏向左脚，加一点膝部前移的动作，杆身向着目标方向倾斜。

需要注意的是，铁木杆不是推杆，不能把它当成推杆来用。球手们往往不适应锁定手臂的感觉，会做出猛刺的动作，而不是使杆头流畅运动来通过冲击球的过程。

实用练习

左手握杆时伸出握柄顶端30厘米处，模仿切击的挥杆。体会这个动作如何使得你的手腕可以自由移动，使你的挥杆感觉更为自然。

适用打法

安全打法

当你的球处于粗草区与球洞区裙带之间，或者处于球洞区裙带与果岭之间，用铁杆和推杆都很别扭时。

明智打法

当球处于球洞区裙带，在你和球洞之间有足够的空间时。

得分打法

当球需要飞越你和球洞之间的土墩时。

球的飞行规律
LAW OF THE BALL'S FLIGHT

常见飞行路线（以右手球员为例）

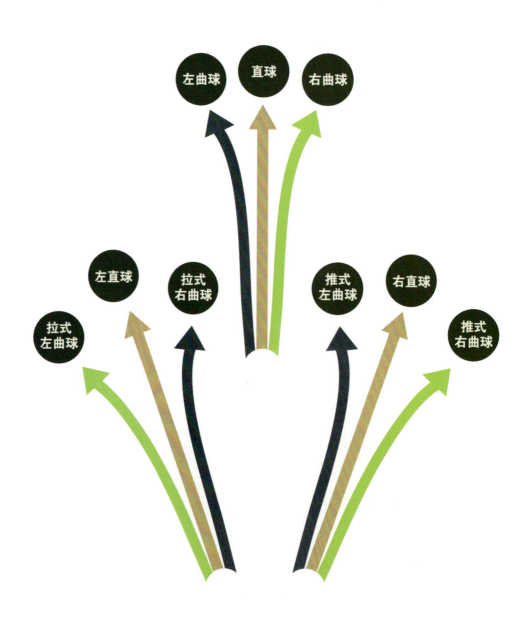

🌑 杆头速度

　　杆头速度是指杆头在击球时的
速度。它的快慢直接关系到击球的
距离，杆头的速度越快，则球在离
开杆面后的飞行速度越快。当杆头
的速度提高时，球的倒旋速率加
大。好的击球会使球产生强烈的倒
旋，飞得更高，而击球产生的侧
旋，会让球随着球速的增加，在空
中的侧向位移增大。

🌑 杆头轨迹

　　杆头轨迹决定球开始飞行的路线。下面我们用球两侧的位置来说明杆头在击球过程中的轨迹。

中性轨迹

　　为了击出一个直线球，杆头沿弧线运动。
　　杆头接近球时，它处于球飞行线路的内侧（红色）。
杆头的延长线则对准目标线（绿色）。

　　击球时，杆头的甜蜜点直接位于球上（黄色）。

　　击球后，杆头又回到目标线内侧（但仅仅是很小的幅
度）。
　　这样的杆头轨迹产生的弹道会使球沿着目标线开始运
动（蓝色）。

由内到外的杆头轨迹

杆头从目标线内侧挥向目标线外侧（红色）。球杆接近球时，指向目标线内侧（绿色）。

击球瞬间，杆面的甜蜜点处于目标线内侧（黄色）。

击球后，杆面的甜蜜点处于目标线外侧（黄色）。

杆头继续"向外"移动（蓝色）。
这种杆头轨迹的结果是，球开始飞向目标线外侧。

由外到内的杆头轨迹

杆头从目标线外侧挥向目标线内侧（红色）。球杆接近球时，指向目标线外侧（绿色）。

在击球前，杆面的甜蜜点处于目标线外侧（黄色）。

击球后，杆面的甜蜜点处于目标线内侧（黄色）。

杆头继续"向内"移动（蓝色）。
这将使球开始飞向目标线的一侧，即身体内侧。

杆面角度

杆面击球时的朝向决定了球在飞行过程中所产生曲线飞行的类型。

如果杆面相对于杆头轨迹是方正的，那么球的飞行轨迹就不会出现偏移。

如果杆面相对于杆头轨迹开放（即相对目标线，远离身体一侧），球会产生向外侧的旋转，从而形成右曲弹道。

如果杆面相对于杆头轨迹关闭（即相对于目标线，靠近身体一侧），则球会产生向左侧的旋转，从而产生左曲弹道。

击球角度

　　击球角度是指杆头在击球前向球运动的方向。以下图片展示的是杆头在击球前的运动状态。观察整个下杆动作时，也能看到同样的杆头运动轨迹。

　　击球角度对球飞行的主要影响是球的弹道和距离。这是因为击球角度影响球的倒旋速率。

常犯错误与修正方案
ERRORS AND CORRECTIONS

掌握好基本技术后，你已经可以应对各种球场状况了，但是，不管怎么努力，还是有犯错误的时候，导致击球不稳定。

起扑球打厚

打高尔夫最大的耻辱，莫过于短击球打得一团糟。而起扑球打厚，也就是球杆在打到球之前先碰到草皮，比短推杆没进更糟，似乎也更难修正。其实，只要作小小的调整，就能消除这种错误。

通过击球区时，务必让双手维持在杆头前方

错误：球杆在碰到球前先打到地面

厚击球的成因，通常是因为击球者刻意想把球朝空中打，而不是让杆头的角度发挥作用，所以做出将球杆往上捞的动作，使杆头在击球前超过双手的位置，打到球之前就先碰到地面，结果就是出现一记打厚的起扑球。这种打法所产生的草痕通常会出现在球的后方。（地面太硬另当别论）。

矫正：双手保持在球杆前方

通过击球区时，只有让双手维持在杆头前方，才能产生先球后草的触球模式。要做到这一点，在开始下杆时，要让右腕的角度维持不变，并保持到通过击球区。经过上述调整，应该会在挥杆圆弧的最低点打到球，产生一记干净的击球，并在击球之后留下最小的草痕。

厚击球的成因

这种失误主要是因为杆头的击球角度出了问题，在碰到球之前就先到达挥杆圆弧的最低点，因此，杆头会埋进地面，大部分的击球力道将被地面所吸收，只有极少部分的能量传递到球上。

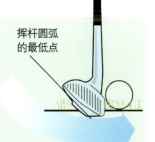

挥杆圆弧的最低点

BASIC SKILLS OF GOLF

剃头球

剃头球多发生在初学者身上，不过有经验的球友有时也会出现，甚至职业选手也曾出过糗。不管球技好坏，当你看着杆头削过球顶，让球沿着地面往前滚时，真是羞愧得无地自容。这种球最常发生于1号木杆或是球道杆（5号木杆）上。

错误：挥杆过程中身体往上抬

打出剃头球时，往往是挥杆时身体姿势往上抬，挥杆圆弧底部也会跟着升高，让杆头错失最佳击球点。造成上述失误的主要原因，是无法维持击球准备时所建立的姿势，可能是下杆时双脚打直，或整个上半身抬起所造成的。

剃头球的成因

发生剃头球时，球在击球瞬间的反应实在令人痛心。杆头下缘只碰到球顶三分之一的部位，让球仅能沿着地面射出，尽管不太可能因此把球弄丢，却也因为距离打不远而使击球不会在球道上有太多的进展。

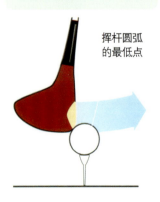

挥杆圆弧的最低点

从击球准备到击球瞬间，都要让脊椎维持一定角度

挥杆过程中，务必要维持原有的高度，才能打出扎实的触球

矫正：从击球准备到触球保持身体姿势稳定

务必确保整个击球准备和触球的过程都能维持良好姿势。可试着拿出1号木杆，在地上插一个球座，摆好最佳的击球准备姿势，然后开始练习挥杆，让杆头削过地上的球座。在上杆到击球的过程中，都要让脊椎维持一定的角度。接着，把球放回球座上，重新用1号木杆练习打击，遵守同样原则，把注意力放在扎实的触球上，而不是击球距离上。

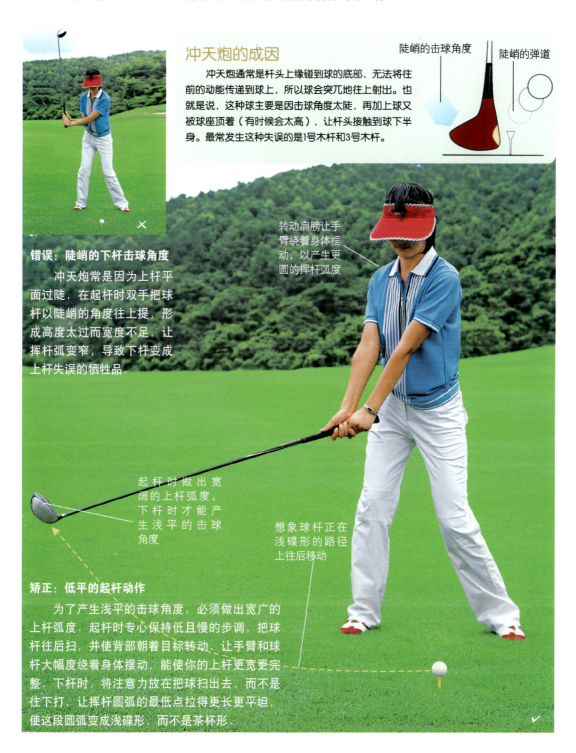

开球冲天炮

开球出现一记冲天炮其实对杆数的影响并不算大，因为球还是以直线移动，不会因此而找不到球，但不管用哪支球杆，都会损失几乎70%的距离。冲天炮通常是因为杆头以陡峭的角度，砍在球的下方（通常是球座架太高），导致球的飞行路线像是使用大角度球杆劈出的一样。

冲天炮的成因

冲天炮通常是杆头上缘碰到球的底部，无法将往前的动能传递到球上，所以球会突兀地往上射出。也就是说，这种球主要是因击球角度太陡，再加上球又被球座顶着（有时候会太高），让杆头接触到球下半身。最常发生这种失误的是1号木杆和3号木杆。

陡峭的击球角度

陡峭的弹道

转动肩膀让手臂绕着身体摆动，以产生更圆的挥杆弧度

错误：陡峭的下杆击球角度

冲天炮常是因为上杆平面过陡，在起杆时双手把球杆以陡峭的角度往上提，形成高度太过而宽度不足，让挥杆弧变窄，导致下杆变成上杆失误的牺牲品。

起杆时做出宽阔的上杆弧度，下杆时才能产生浅平的击球角度

想象球杆正在浅碟形的路径上往后移动

矫正：低平的起杆动作

为了产生浅平的击球角度，必须做出宽广的上杆弧度。起杆时专心保持低且慢的步调，把球杆往后扫，并使背部朝着目标转动。让手臂和球杆大幅度绕着身体摆动，能使你的上杆更宽更完整。下杆时，将注意力放在把球扫出去，而不是往下打，让挥杆圆弧的最低点拉得更长更平坦，使这段圆弧变成浅碟形，而不是茶杯形。

铁杆斜飞球

斜飞球可能是最糟的一种失误，球通常会朝偏离目标至少45度的角度射出，然后就不见踪影。任何铁杆都有可能打出斜飞球，而且，不管是哪支球杆，错误一旦造成，就很难弥补。

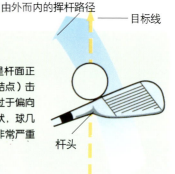

由外而内的挥杆路径 — 目标线

杆头

斜飞球的成因

斜飞球的发生是因为触球点不是杆面正中央，而是以杆颈（杆身和杆头的连结点）击中球。主要是在通过击球区时，杆头过于偏向理想挥杆路径的外侧，由于杆头的形状，球几乎直接从预定路线的侧边飞出，形成非常严重的失误。

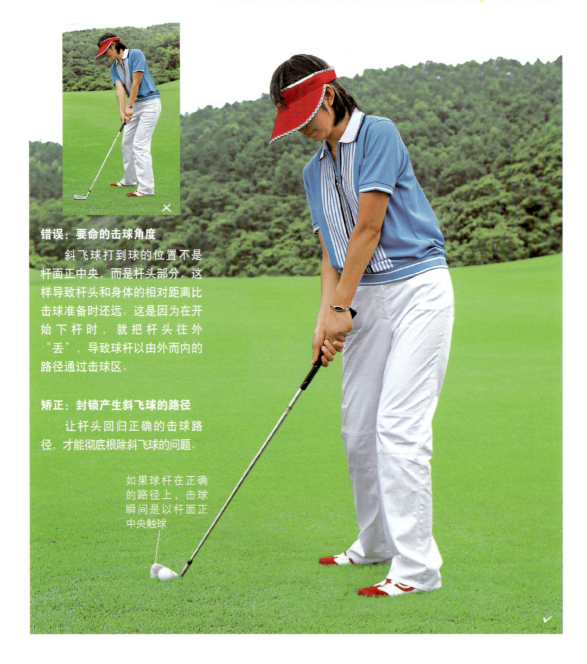

错误：要命的击球角度

斜飞球打到球的位置不是杆面正中央，而是杆头部分。这样导致杆头和身体的相对距离比击球准备时还远。这是因为在开始下杆时，就把杆头往外"丢"，导致球杆以由外而内的路径通过击球区。

矫正：封锁产生斜飞球的路径

让杆头回归正确的击球路径，才能彻底根除斜飞球的问题。

如果球杆在正确的路径上，击球瞬间是以杆面正中央触球

丧失力量

一记又直又远的开球，几乎是打球时最令人开心的表现。如果开球缺乏力道，会使1号木杆的飞行距离不足，通常导致球在地面滚动的时间比飞行时间更多。

丧失力量的成因

如果杆头通过击球区的速度太慢，常会造成开球力道不足，这通常是重心倒转所造成的。在这种情况下，你会把上杆的重心放在前脚，而下杆和击球时则转移到后脚，这种重心转移方式当然无法正确传递能量。

重心往目标反方向移动

正确的重心转移

上杆时身体应该会往目标的反向移动

身体配合挥杆而转动，能产生最佳的上杆顶点位置

错误：破坏挥杆的重心倒转

丧失力道最主要的原因是重心转移不正确，又称为重心倒转。在理想状况下，上杆时会把重心放到右脚，随着下杆到击球的过程，渐渐转移到左脚。但是重心倒转时却刚好相反。

矫正：用重心转移增加火力

为了让击球力道能完全发挥，务必要配合挥杆动作做出重心转移动作。在击球准备时，把60%的重量都放在右脚上，在做上杆时至少再增加10%。接着在下杆时，重心要转移到左脚上，才能将最多的能量传递到球上。

70%

30%

随着球杆往后摆动，重心转移到后脚

左拉球

左拉球是以由外而内的路径挥杆，而杆面与这个路径垂直，导致球一开始就朝左飞，然后继续朝相同方向前进，几乎所有球杆都可能打出左拉球。

左拉球的成因

左拉球和右曲球是以由外而内的路径击球，如果杆面开放，就会造成右曲球；如果杆面与挥杆路径维持方正，则会产生左拉球。而且，如果杆面和挥杆路径呈现关闭状态，就会导致所谓的左推左曲球，飞行路线从左侧开始，之后以更大的弧度往左转，造成完全失控的一球。

目标线
由外而内的挥杆路径
杆面和挥杆路径保持方正

错误：把杆头"抛"到正确路径外侧

左拉球主要是因为开始下杆时，双手和手臂离身体太远，把杆"抛"出正确挥杆路径外侧，所以造成由外而内的击球路径，如果球的飞行路径还不足以证明，另一个线索则是草痕（至少适用于铁杆），应该会指向目标左侧。

矫正：发展内侧的击球

要矫正左拉球，必须要让杆头从目标线内侧接近球。可试着把右脚后移，让右脚尖和左脚跟位在同一条线上（但肩膀要保持方正），这种站姿比较容易做出完全转身，并且能产生足够空间，让球杆在下杆时回到内侧路径，把这种击球的感觉融入你的正常站姿，绝对有助于产生正确的挥杆路径。

击球准备时，肩膀应该要平行于目标线

双脚为正常站位

练习时，采用闭式站姿，让右脚尖和左脚跟位于同一条线上，促进内侧的击球路径

右推球

任何球杆都可能打出右推球，不管是1号木杆或挖起杆，其原因也不见得是因为技巧太差，通常这种球的打击可说是非常的紧实。

清出左侧空间，比较容易矫正由内而外的挥杆路径

试着采用非常开放的站姿练习打击，让球杆在正确路径上通过击球区

双脚为正常站位——

错误：由内而外击中球

从某方面来说，造成右推球的原因其实跟左曲球一样，杆头都是从正确挥杆路径的内侧接近球，因而形成由内而外的角球。不过这两者最主要的差异在于杆面的方向与这个由内而外的路径的对应状况，左曲球的杆面是闭式，而右推球则是维持方正，所以将会导致两种截然不同的飞行路线。

矫正：训练以正确路径击球

矫正右推球的关键在于修正过于偏内的击球路径，可以试着调整击球准备姿势，让左脚尖和右脚跟位于同一条线上。由于身体左侧已经有足够的空间，所以通过击球区时有空间让球杆推向左侧。如果已经习惯这种击球动作，恢复正常站姿时，再试着用相同方式打击，你会发现球会以直线朝着目标前进，表示推杆又回归到正确路径。

右推球的成因

造成右推球的主要原因在于杆头以过于由内而外的路径接近球，同时杆面和这个错误的路径是处于方正的状态，导致球以直线飞出，但是却已经偏离预定路线。

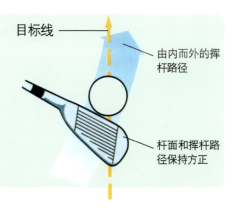

目标线

由内而外的挥杆路径

杆面和挥杆路径保持方正

GOLF PRACTICAL TECHNIQUES

高尔夫
实战技术

减少失误是高尔夫球致胜的关键因素之一。在一场比赛中，如果你有14个洞表现绝佳，但是剩余4个洞失误过多的话，依然不能获得理想的总杆数。就连高尔夫传奇人物本·侯根也说："其实在整场球中，我大约只能击出一或两杆完美好球。"名将尚且如此，一般球员打出完美好球的概率就更低了。因此，在高尔夫赛场上，审慎思考、灵活运用实战技术就显得尤为必要。

切球实战技术
CHIPPING TECHNIQUES

切球是打高尔夫的重要动作，不过能把这个动作做得完美的球员恐怕寥寥无几。下面的技巧，可以帮助你打出完美的切球。

劈起球

劈起球可以帮助降低总杆数，它没有太严格的体格限制，用劈起球将球打上果岭，是每个球友能力可及的事。

准确击球

降低总杆数的关键之一，就是提升劈起球的精准度，劈起球的落点靠近目标洞一些，可以将所需杆数从三杆减为二杆。提升击球精准度的秘诀在于"控制"。

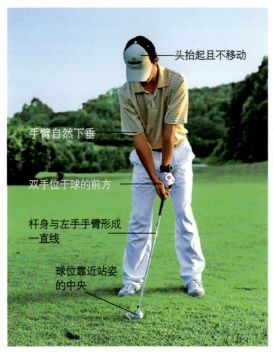

头抬起且不移动

手臂自然下垂

双手位于球的前方

杆身与左手手臂形成一直线

球位靠近站姿的中央

背部前倾

注意右肩与右膝外侧同宽

采取轻松稳固的握杆方式

双脚比平时稍微外张些

GIST 1 球位必须位于双脚中间，以确保下杆中的杆面能以略微倾斜的角度利落地击中球。此外，要注意杆身与左手手臂在击球准备时应该形成一直线，这样可以使球成功地旋转飞出。

GIST 2 打劈起球和其他一般击球最大的不同在于击球准备站姿。身体在瞄准目标线时要采取稍微开放式的站姿，好让左边身体在击球过程中能充分旋转。这个改变虽小，作用却很大。注意杆面必须方正地瞄准目标。

实用练习：让脚位开放

　　摆出正常的铁杆准备姿势，让脚平行于目标线，同时在地上放两支铁杆辅助，找出最完美的平行瞄准。接着，左脚后移约5厘米，使脚位开放，同时肩膀保持方正。

左脚后移
约5公分左右

良好的劈起球动作

　　下面的练习可以增进建立准确操控球路的技巧，请认真学习。

右大腿有一点
拉紧的感觉

屈右膝

左脚脚跟牢牢定
在地上

杆头的击球面保持
与挥杆轨道垂直

上半身向
左转回

感觉双手带动杆头
朝球挥去

臀部转回正面后
继续左转，做出
完美的触击动作

双膝间保持固
定距离

GIST 1 双脚略微打开，增加下半身的稳定性，同时还能在上半身旋转时增加下半身的抗衡力。球杆握得短一些，做出小幅度而扎实的3/4上杆姿势，提升对挥杆顶点的操控性。重心移至右膝盖和右大腿。

GIST 2 微微打开的站姿有利于下杆时上半身左转，这样才能使杆头沿着正确的挥杆轨道往下挥杆。

杆头通过击球区时，肩膀采取稍微开放的姿势

触击时，双手位于球稍前方

沿着理想的挥杆路径，杆头垂直触击球

GIST 3　左边身体扭转以后，手臂有更足够的空间将杆头沿正确轨道送出，以垂直角度触击球。

GIST 4　当杆头到达击球区时，顺势将杆头朝目标释放出去。不用担心球会飞向目标左侧，也不需要在击球区刻意驾驭杆头的方向。只要触击瞬间之前的挥杆动作正确，杆头自然会漂亮地击中球。

正面

不管你要击出的是100码内的劈起球还是300码以外的开球，上杆时都必须做好身体重心转移以及上半身的全旋转。

实用练习：协调一致的上杆

大部分球友在打短距离劈起球时，最容易犯的错误就是最初上杆阶段的屈腕动作过大。这样会导致对挥杆路径与挥杆直径的判断失去准确性和一致性。为了避免这种情况，试试这一套练习，它能够使击球更稳定，进而提升距离的准度。

一般击球准备姿势，双手握杆，掌缘刚好触及握把边缘。

启动上杆，手臂、球杆以及下半身的姿势不变。旋转上半身，当双手位置超过右膝时，停止动作。

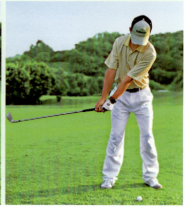

右肩朝目标洞扭转

臀部旋转至面对目标

右膝随触击动作弯曲

身体重心转移后，右脚脚跟会自然抬起

脊椎保持笔直，可以避免牵动下背部

重心继续移至左脚

GIST 5 身体重心移至左脚，右肩继续朝目标洞方向扭转，才能发挥击球后余势的威力。

GIST 6 大部分的身体重心移至左侧身体，右肩扭转到左脚上方，右脚球鞋的鞋底清晰可见。

实用练习：以上杆的路径下杆

　　打劈起球时，很容易因为过于执著于目标而忘记挥杆该注意的事项。下面的练习可以帮助你改善劈起球的表现。

◆开始挥杆练习，观察起杆的路径，在理想的情况下，杆头刚开始30～45厘米的路径呈直线，接着响应转身的动作，会渐渐往内侧变成弧形。

◆做出几个预演的上杆动作，让视觉印象更为深刻。

◆接着将注意力集中在下杆，专心让球杆经过刚刚上杆的路径下杆击中球，除了这个之外什么都不要想。

实用练习：学习扎实击球

不知如何避免杆头在击中球前先触地的球友，可以做以下练习，增加利落击球的几率。将一个杆头套放在球后方约45厘米处，连续练习劈起球，确定杆头在向下挥杆时不会碰触到套子。套子可以强迫延长双手停留在杆头前沿的时间，使击球而触击的角度稍微陡直些。多练习几次以后，便会习惯这个击球角度，挥杆也会逐渐获得改善。

轻松应对不良球位

在粗草区或球道上，每个人都会有遇到不良球位的时候。只要挥杆动作稍加调整，就可以改善大部分不良球位。

双手位于杆头之前

确定杆身与左手手臂形成一条指向球位的直线

采取双脚打开与肩同宽的正常站姿，球位则偏两脚中央

40%　60%

身体重心置于正中，集中在球上方

上半身旋转的同时，右膝弯曲

50%　50%

左手手臂及手腕绷直

30%　70%

GIST 1 在浓密的粗草区，触击时击球面保持较陡直的角度。同时将球位比平常后移2.5厘米左右，好让双手位于杆头前。身体重心的分配上左右采用6：4的比例。

GIST 2 正常地启动上杆，然后，使用和一般劈起杆不同的打法：上杆时提早屈腕，当到达挥杆顶点后，身体重心集中在球上方，让下杆的攻势更猛烈。

GIST 3 向下挥杆，将杆头从球后方用力击球，把球朝前方击出。当杆头切过草丛击中球时，身体重心应该落在左脚上，头则保持在球位上方。

史传奇：成功的粗草区救球

史传奇的经验告诉我们，将球打出浓密的粗草区，是少数可以倚仗猛烈力道解决的问题。如果球没有埋太深，可用铁杆扫击阻抗球的草。以正常的节奏与速度挥杆，向下挥杆到达底部时加重击球力道，将草切除，最后以平衡姿势收杆。

实用练习：转动身体

不管距离远近，每一记劈起球，双手和手臂的挥动必须与身体转动互相配合。在每次打劈起球的间隙，你可以随时利用这个练习来强化动作，只要准备一支球杆即可。

将一支球杆横在胸前，并用双手固定住。摆出劈起球的准备姿势，膝盖要弯曲，并让脊椎维持在正确的角度。

模拟上杆的转动动作，左肩要转到下巴的下方，持续转身直到看到杆身的末端移动到球后方为止。

接着如平常一样下杆，让身体回转直到胸口面对目标为止。因为瞄球时脊椎会稍微往前倾，上杆时左肩会低于右肩，所以下杆时右肩会比左肩低。

 上半身从臀部开始自然前倾，屈膝，抬下颌，上杆时头部保持不动。

 双手、手臂和肩膀协调地从击球准备姿势启动上杆。刚开始上杆时，手腕是绷直的，当双手到达腰部附近时才开始屈腕。

GOLF 球话

找出激活挥杆的扳机

大部分球友在离旗杆越近时越紧张，这常导致挥杆失误，所以最好采用特殊的激活机制，让动作更为顺畅。很多高尔夫名将都很依赖这种方法。练习劈起球时，可以花点时间找出属于自己的"挥杆扳机"。你可以在击球准备时前后摆动球杆，也可以将双手稍微往前推。

转头

要开始起杆前，让头稍微向右移来激活挥杆，这是一种很有效的挥杆激活方式，也会促进完全的转身动作。

GIST 3 3/4的上杆是稳健操控劈起球的秘诀。肩膀完全旋转，但双手只举到肩膀高度。球的飞行距离可以由挥杆长度控制。

GIST 4 稍微开放式的站姿，可以让左半身在下杆时有回旋余地，进而促使杆面沿着理想挥杆路径，以正确的角度方正地从球的后方击中球。

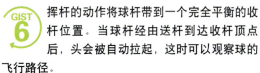

GIST 5 击中球后，身体重心移至身体左侧，同时继续将球杆往前带，头部保持在触击瞬间的位置不变。

GIST 6 挥杆的动作将球杆带到一个完全平衡的收杆位置。当球杆经由送杆到达收杆顶点后，头会被自动拉起，这时可以观察球的飞行路径。

起扑球

平心而论，起扑球是高球技术中最容易学习的。良好的技术和球感，加上信心及一点点想象力，便不难打出成功的起扑球。

了解起扑球的球路

想打好起扑球，培养了解球路的能力和训练良好的挥杆技术一样重要。球的旋转、弹道以及落地后的翻滚都足以影响球的落点。正面挥杆的要领配合练习与经验，将有助于增强判断球路的能力。

●上坡球位

GIST 在上坡球位时，使用杆面角度较小的球杆，可减短挥杆长度，减轻挥杆力道，增加对球距的操控度。球击中后会以较低的路径向前飞出，后旋力并不强，这样，判断球滚动的速度就容易多了。

上半身配合手臂旋转

减短上杆的长度

挥杆过程中始终保持身体重心稳定

杆头通过击球区时，左手手腕绷直

屈左膝

杆面角度较小的球杆击出的球弹道较低

50%

50%

以低弹道球杆打上坡球

上坡球位的向上坡度本身就会增加击球弹道。视坡度大小，选择比一般击球更长的铁杆。而且，击球准备时也要将球往前移一点。

实用练习：上坡球位使用小角度球杆

如果你想要琢磨短杆的技巧，只挑最佳的球位练习，并不足以应付下场时会遇到的各种状况。如果要提高处理问题球位的能力，最好多挑战棘手的球位，而这个练习就是要让球友们学习如何打好上坡起扑球。

把球放在旁边的上坡球位上。选定一支适合的球杆，先假设球位于平坦地面时，这样的距离要配合哪支球杆。接着把球杆号码减2号（例如，要是在平地上选用挖起杆，这时就以8号铁杆替代）。使用平常的起扑球技巧将球打上果岭，观察球朝球洞滚动的模式。

● 下坡球位

GOLF PRACTICAL TECHNIQUES

GIST 下坡球位的球容易以较低的路径飞出，不好操控。这时应该尽量选择杆面角度较大的球杆将球击高。

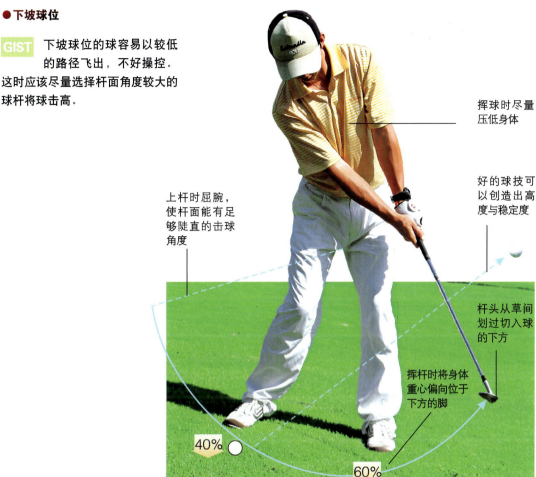

挥球时尽量压低身体

好的球技可以创造出高度与稳定度

上杆时屈腕，使杆面能有足够陡直的击球角度

杆头从草间划过切入球的下方

挥杆时将身体重心偏向位于下方的脚

40%

60%

以高弹道球杆打下坡球

选择击球弹道较高的铁杆以应付下坡地形。击球准备时要将球后移一点。

实用练习：练习下坡球位提升技巧

想要在下坡球位切出漂亮的一球，也必须具备相当的技巧，那样，再回到平地上时，起扑球的难度自然就会下降，也会让自信提升。经过下面的磨练，不单是下坡，所有起扑球的表现都会大大改善。

把球放在果岭旁边的下坡球位上。球位的相对位置，要比正常球位往后5厘米，手也要更往前，这样会让触球更为利落，但同时也会降低击球瞬间的角度。选用杆面角度最大的球杆，也就是沙坑杆。这样，虽然是在陡坡上，还是可以保持在45度角把球送出，产生一记落地柔软的起扑球。在不脱离掌控的前提下，球也能飞出一定的高度。

把重心放在位置较低的那只脚，这样才能确保向下挥杆时，让双手持续保持在杆头前方。不要刻意把球朝空中打，把注意力集中在通过击球区时向下击球。要相信绝对能把球送到预期的高度。

　　要让球成功地飞越危险区，只能使用高抛球，它的球技要求比较特殊。

采取比一般起扑球开放的站姿

球对齐左脚内侧

就击球距离而言，高吊起扑球所需的挥杆长度比一般球长

上杆时扭转手腕

上半身配合手臂的挥杆动作旋转

身体重心平均分配

GIST 1　轻握球杆，并以开放式杆头做击球准备。双手置于球前方，这样可以保持高击球弹道，并避免过度向下的击球角度。双脚呈开放式站姿，使挥杆形成稍微由外而内的路径，这种路径可以让球轻盈地向前高飞出去。

GIST 2　上杆刚开始的45厘米距离内，杆头要保持沿着双脚脚尖连线移动，接着屈腕，让杆头开始向后上举，直到到达挥杆顶点。

实用练习：向下击球让起扑球更利落

　　起扑球最大的失误之一，是在通过触球区时，试图用捞球的动作来帮助球朝空中送。其实，对短切球而言，必须要向下击中球，球才会往上移动。以下的练习将能让你体会这种技巧的好处。

　　把球摆在正确球位，并且在球后方约20厘米的位置，放个球帽。拿出劈起杆，摆出击球准备动作。双手位于杆头前方，球则在站姿偏后的位置，正好面对右脚内侧。

　　打出一记约18米的起扑球。为了避免在下杆时碰到球帽，必须向下击中球才行。这会产生先球后草的击球，不仅球的飞行路线非常理想，落地时也会稍微后旋。如果有用捞球的动作把球往空中送的意图，在下杆过程就会先碰到球帽。重复练习，然后将球帽拿开，再继续练习。

击球准备姿势

向下挥杆击球，这样杆头才不会碰到球帽

向下击中球，就能打出起扑球该有的高度

杆头通过击球区时，左肩继续向左侧旋转

回复到击球准备姿势后，仍然继续挥杆

杆头切过草皮，往球下方触击

双手往前挥杆，同时身体继续顺势旋转

在击球后的余势中，感觉身体重心停留在右侧的比例比一般击球多

挥杆弧度虽然长，但是现在高高弹起后，飞行距离并不长

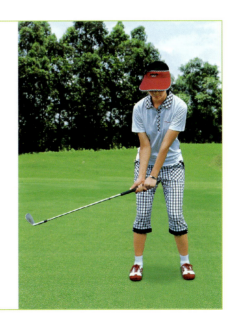

GIST 3 下杆触地时，想象杆头前缘要朝球下方的草皮薄薄地削下一层，或者要砍去球的下半部。充满信心加速挥杆，让杆头快速而平顺地通过击球区。

GIST 4 杆头通过击球区时，加快挥杆速度，感觉杆头好像要将球赶出去。球击中后轻轻往上飞出，仿佛只要往前跑就可以在球落地前"捉住"它一样。

GOLF 球话

不戴手套提供额外的触感

多数球友推杆时不戴手套，让击球的感觉更细致，这同样也适用于起扑球（打长杆时戴手套，是为了强化握杆，而大部分短杆则不需要）。你也可以试试不戴手套，不过先要找出个人的"距离限制点"（依照个人偏好决定），一旦超出限制，就要戴上手套。只要按照这个界限，就能避免在面对起扑球时难以下定决心，不知到底该不该戴上手套的问题。

良好的起扑球

起扑球的挥杆作用在于将球从高低不平的地面往前击高飞出，让球飞上相对平坦的果岭推杆区内，轻轻地往目标洞滚去。要击出良好的起扑球在于和缓的节奏以及精准度。

比普通铁杆站姿更开放些

球杆握短，肘轻触身体，双手位于球前方

身体重心移至左脚以加强向下击球

肩膀放松来控制球杆

屈右腕，增加双手的主导地位

身体重心始终保持在左边

40%　60%

GIST 1 球位往后，双手往前，重心往前，这样有助于带出轻微倾斜的击球角度及利落的触击。球杆往下握约5厘米，肘略触及身体，身体重心偏向左脚，保持双手轻轻握杆。

GIST 2 起扑球的挥杆主要通过缓和的肩膀旋转带动手臂来控制球杆，当球杆离开球位启动上杆时，右手腕必须稍微弯曲，这样有助于让双手带动杆头向下击球。

实用练习：调整击球准备动作

如果因为基本动作的问题，让你无法切出利落的一球，那么在处理果岭附近的球时，就会造成不少心理负担。各种球路的失误都可以回溯到开始挥杆前的准备姿势，甚至那些对起扑球深具信心的球友，也可以趁此机会重新检查自己的基本动作。下面这个练习可以在家里、花园或球场上进行，让你拥有正确的击球准备姿势。

对着目标，让双脚、臀部和肩膀稍微打开（把目标想成12点钟方向，身体则平行于11点钟方向），双脚之间的距离15～20厘米。把球放在站位偏后方的位置，正对右脚内侧。重心稍微偏向前脚，身体重心40%在右脚，60%在左脚，这样就是最适合标准起扑球的准备姿势。把杆头放在球后，双手往前，让左臂和杆身成直线往下指着球，杆面则要正对目标。

杆身和左臂成直线

让双手位置稍微超过杆头

60%的重心在左脚

杆面瞄准目标

将左脚稍微往后拉，成开式站姿

侧面

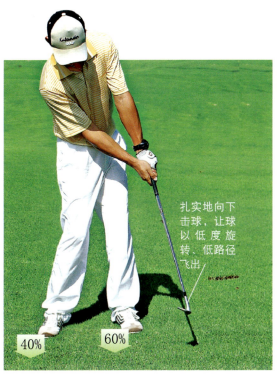

扎实地向下击球，让球以低度旋转、低路径飞出

40%　60%

触击时左手腕保持挺直

杆头通过击球区时，应尽量保持双手手腕角度不变。这样可以避免杆头先双手而行所引起的击球失误。

打短程接近球的练习方法

用两臂来挥杆，保持头部不动的前提下使用肩部和膝部动作。

双手相互交叉向左右挥动练习。

GIST 3　将双手、手臂及杆头在下杆后恢复击球准备姿势，可以让你扎实地触击球。身体重心应该始终维持在左侧，使球准确飞向目标。

球杆后挥的最高顶点和终止动作必须在同一高度，而且，在挥杆打球时一定要完全使出力量。

实用练习：小型起扑球竞赛

这个练习的好处在于将正式比赛的紧张和压力，融入你的练习课程当中。这种想要获得比对手更多分数的竞赛，是有效的磨练球技方式。

跟一位球友组队竞赛，尽可能找一块包含各种状况的果岭（沙坑、坡度、不同程度的粗草区等）。在果岭周围的指定地点，轮流用起扑球攻上果岭（使用沙坑挖起杆）。每球只有一次机会，谁打的球较靠近旗竿，就可取得1分。试着让比赛在果岭四周不同的球位进行，这样你才不会太过熟悉相同的情况。

果岭边缘的起扑球

当球落在果岭边缘的粗草区时，是颇为棘手的难题。而且，球场修整得越精良，这个地区的击球就越困难。面对这样的球位时，球员常常会有不知道该打成推球还是起扑球，其实，将两种挥杆方式混合使用就对了。

●悬停杆头

抽出一支短铁杆，用推杆式击球准备，不过杆面边缘大约悬停在球的水平平分线高度。

视线位于球正上方

双手位于球前方

轻松但稳定地握杆

下半身维持完全静止

身体重心稍稍倾向左脚

注意力集中在触击位置

避免不必要的手腕弯曲动作

左手腕与手臂保持击球准备时的角度不变

开始起杆时，杆头贴近地面移动

球的水平平分线

GIST 1 由于这是一种混合推球和起扑球的挥杆方式，建议采用推杆式握杆，以增加对起扑球挥球的掌握和减少夸张的手腕弯曲动作，尤其后者在近距离击球时，容易引起击球不稳定的失误。

GIST 2 小幅度地向后挥杆，屈腕动作不宜过大，以杆面前缘触击，触击点为球的水平平分线上侧。杆头通过击球区时不可摇晃，双手手腕像打推球一样绷直。

GIST
3
使球平顺地滚动，好尽快到达近在咫尺的果岭区。

挥杆时，头和肩膀尽量停在击球准备姿势不动

杆头通过击球区时，稍微加快双手及杆头移动的速度

触击时想象杆头贴近地面

实用练习：巧妙的起扑球式推杆

这是一个将球打出边缘草区的妙方。转动双手的握杆位置，让推杆趾部位于球后方。

以笔直推球的方式进行击球准备，转动杆的趾部悬停于球后方，垂直瞄准球。以正常方式推杆，触击点在球的水平平分线附近。球会在轻微弹跳后落地，滑顺地滚向目标洞。

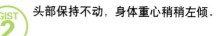

GIST 1 将球对齐左脚脚跟内侧，做好"漂浮"起扑球击球准备。此时，身体充分放松，并且计算好这一杆的落点。

GIST 2 头部保持不动，身体重心稍稍左倾。

缓慢平顺地将球杆向后移动，手腕自然弯曲，身体重心仍然维持在左侧。

向下挥杆时，让双手位于杆头之前，以保障将杆面完全切入球的下方，只在草地上留下刀锋般薄薄的痕迹。

击中球后，立即带起杆头，防止右手内翻、交错位于左手上方。这个技巧可以让杆头在通过击球区时保持开放，同时让球飞得更高后再轻轻落地，减少落地后的滚动。

身体重心保持在左侧，球杆经过控制得宜的送杆后，平衡收杆。双手收杆时的位置比挥杆顶点时高，显示击球瞬间在加速挥杆。

特殊球路
SPECIAL PATH OF THE BALL

大部分中阶球友的球路弯曲通常是意外情况形成的，而未必是审慎规划的结果。如果妥善利用特殊球路，可以有效减低杆数。深谙控制球路之道的球友会多花功夫去研究触击方式，因为它可以直接影响球的旋转。

◖ 左曲球

左弧球或左曲球是球击出后由右向左旋转飞出。想击出由右向左的球路，杆头必须以由内而外的轨道通过击球区，并且采用闭式击球面进行触击。这种球路很不容易达到，但是对降低杆数非常有用。

理想的击球准备

杆头与双脚脚尖连线平行移动。在选择适当的球杆时，别忘了左曲球通常会飞得比一般球远，而且落地之后还会滚动一段距离。

上半身瞄准目标右侧

左手握杆力道较强，比平常多露出一个指关节

击球准备时，大腿肌肉有拉紧的感觉

击球面与目标线垂直

采取闭式站姿，让身体瞄向目标右侧，只有击球面朝向目标

GIST 1 杆面直接瞄准目标，采取闭式站姿，身体瞄准目标右侧，杆面以由内而外的轨道，与双脚脚尖连线平行地启动向后挥杆。左手握杆的力道比右手强一点，这样有助于双手释放力量，给球所需的旋转重力。

瞄准技巧：钟面方位要领

　　想从正确的球面位置触击，可以将球面想象成钟面，从不同的"钟点"位置触击。想击出笔直球路，就从三点钟位置触击；想击出由右向左旋转的球路，就从四点钟位置触击，通过塑造由内而外的挥杆路径，产生更多侧向力，帮助球路弯曲成为左曲球或左弧球；从两点钟位置触击，则可产生由左向右旋转的右弧球或右曲球。

GIST 2　上杆时，注意营造出球杆能以由外而内的轨道向下挥杆的条件。起杆的初期，杆头应该是与双脚脚尖连线平行地移动，也就是说，是沿着目标线内缘向后挥杆。

GIST 4　由目标线内侧下杆触击球，选择从球身四点钟的位置进行触击（参见上图），会对球路的形成很有帮助。

在挥杆顶点时，球杆指向目标右侧

触击过程中，脊椎仍需保持击球准备时的角度

球飞出后才可抬头观察球飞出去的方向

右肩旋转至下巴下方

让杆头趾部先跟部而行

GIST 3　挥杆顶点姿势的关键就是球杆必须指向目标右侧。偏右的程度要多大，完全视球路左曲的弧度要多大而定。想击出大弯曲弧度的左曲球，杆身至少要指向目标中侧50码处。想击出左弧球，则指向目标中侧1.5～1.8米处。

GIST 5　球杆通过击球区时，可以感觉杆头往目标右侧送出，而且杆头的趾部先跟部而行。此外，还可以感觉到左小臂以逆时针方向扭转着通过击球区。由内而外的挥杆轨道将球从目标右侧击出，后旋力又使球向左旋转，回到目标线上。

右曲球

　　触击时刻意让球产生由左向右旋转的球路称右弧球或右曲球。让杆头以由外而内的轨道通过击球区，并以稍微朝外的击球面进行触击，就能击出想要的右曲球路。

身体和臀部采取开式击球准备（瞄准目标左侧）

右膝弯曲，以支撑身体重心

目标线

双脚脚尖连线瞄准目标左侧

将击球面直接瞄准目标

GIST 1　想击出右曲球，杆头必须以由外而内的路径通过击球区，且击球面必须以开放于挥杆轨道的角度触击。击球准备时，杆头击球面直接瞄准目标，双脚脚尖连线臀部及肩膀瞄准目标左侧，站姿开放的程度则视球路向右弯曲弧度的大小而定。

GIST 2　从目标线外缘起，会让球杆在到达挥杆顶点时指向目标左侧。

理想的击球准备姿势

　　上杆的最初51厘米距离内，杆头应保持与双脚脚尖的连线平行移动，接着，才随着身体的旋转，和谐一致地指向目标线内侧向后挥杆。

往目标左侧挥杆

　　收杆时皮带头朝着目标左侧，重心和一般收杆时一样，几乎全部落在靠近目标的左脚上。

左肩从下巴下
方移开

杆头从目标线
外侧向下挥杆

开式站姿有利
击球

球杆以由外而
内的轨道划进
目标线

球从目标左
侧被击出，
向右旋转朝
目标飞去

GIST 3 下杆时，身体和一般全挥杆一样，往回旋转恢复击球准备姿势。当杆头以正确挥杆平面下杆后，应该可以感觉臀部还持续向左侧旋转。

GIST 4 朝球身两点钟的位置进行触击。当杆头划过目标线通过击球区时，尽量减缓击球面前进的速度。这时，挥杆轨道应该由外而内，球会从目标左侧被击出，向右旋转后回到目标线上笔直飞向目标。

实用练习：建立正确的感觉

下面的练习可以帮助培养操控球路时应有的敏锐球感。千万记住，这些练习是通过夸张的动作来建立触击瞬间的感觉，实际击球时不能用这样的动作。

练习挥左弧球时，将左脚远离目标线一步，这样有助于让杆头从目标线以内起杆。（如图1）

体验右弧球挥杆的感受，将左脚往目标线前进一步，有助杆头从目标线外缘起杆。（如图2）

如何打出高球或低球

虽然一整套球杆都是设计者的巧思,为了不同的球路而具备程度不一的角度,但是偶尔还是需要巧妙运用其他方式,让球稍微高抛或低飞,这种策略有时候甚至比改用其他角度的球杆更有用,想象力对于调整弹道的击球非常重要。通过与平常不同的击球方式,能让击球者把球送到更接近旗杆的位置,或是为下一个进攻果岭球做准备。

把球抛高

在特定情况下,以高抛方式让球朝着目标飞去,是非常有用的技巧。像顺风击球时,想要打出长铁杆最大的距离就是很好的例子,或是旗位正巧位于果岭前缘,而沙坑守御在四周,所以必须把球打高,让球很快就能停住。

双手收杆位置更高,反映出你想将球抛高的意图

通过击球区时,头部维持在球后方的时间,比平常还要久一点

GIST 1 让球位稍微前移,这样杆面击球的角度也会大一点,双脚位置要比平常更靠近球,身体站挺一点,才能产生较陡峭的挥杆平面,产生相对比较高的飞行弹道。

GIST 2 挥杆动作与平常相同,只需稍微调整准备姿势,就能在击球瞬间产生预期效果。下杆通过击球区时,试着让头保持在球后方的时间拉长。此外,让收杆反映你的击球意图,使双手的收杆位置比平常高。

把球压低

　　低飞球的击球模式又称作劈击球，适用于很多情况。面对强劲的逆风，最好把球送低一点，才能维持预定的中线。此外，如果想打短一点，让球在果岭前落地，也可以采用低飞球的策略，让球在落地后滚向旗杆。

送杆动作放低，才能打出一记低飞球

把球扫出去的击球瞬间，躯干会超过球位

GIST 1　将球位至少后移三颗球的宽度，才能稍微减小杆面击球的角度，双手的位置也要更往前，让杆身更倾向目标。这时候要注意杆面不能呈开放的状态，最好稍微转动杆头趾部，直到杆面对准目标为止。瞄球时，身体的重量平均分配在双脚上。

GIST 2　起杆时要低一点，上杆动作要比平常更短更精简，别忘了让肩膀配合挥杆转动。下杆时，在击球瞬间让身体保持在球的前方，同时以较低的角度挥动杆头通过击球区。此外，由送杆动作也能看出击球意图，所以双手在收杆时会比平常还低。

问题球位的处理
HANDLING SPECIAL BALL POSITIONS

不论球技多精湛的高尔夫名将，在球场上也难免会遭遇棘手的问题球位。然而，他们常能巧妙脱困，这正是值得普通球友学习的地方。

风中开球

一般而言，没有人愿意在大风天打球。因为大风会影响挥杆的节奏和感觉，干扰球的飞行方向和距离，往往使得我们的击球水准一路下滑。下面我们来学习如何克服风带来的影响，享受在风中挥杆的乐趣。

顺风

不管是什么样的风，最重要的是稳定击球。打好的球要比侧旋的坏球不容易受到影响。在风中的旋球，偏移会被加大，因此一定要小心。

在顺风中打球，自我感觉是非常好的。使用较小的球杆，指望球飞行滚动得更远。顺风同样能够使你的击球更直，即使在没打中的时候。如果距离和射程就是你的目标的话，站姿靠前打球会将球击得更高一些。站姿靠后打球（在其他风的情况）会稍稍更容易控制住球,但记住要做好让球长距离滚动的打算。

想在刮风的日子控制球距，选择适当的球杆比测量风速更可靠,弹道较高的球杆永远是较佳的选择。

双脚开立，让
重心更稳定

击球准备时采取较宽的站姿，让重心更稳定，也可以缩短挥杆长度，有助于创造扎实的挥杆。

肩膀以缓慢的
节奏完全旋转

配合杆头的移动
速度，和谐地将
重心逐渐转移

GIST 2 完成击球准备后，启动正常上杆，让肩膀以缓慢的节奏完全旋转，并配合杆头的移动速度，和谐地将重心逐渐转移。

用更缓慢的节奏挥杆，使
杆头更轻地通过击球区，
以此降低球的反旋力

身体在送杆
到收杆的过
程中，务必
保持完美的
平衡

GIST 3 将球以低而强的球路击出，在风势较强时，要用更缓慢的节奏挥杆，使杆头更轻地通过击球区，这样可以降低球的反旋力。身体在送杆到收杆的过程中，务必保持完美的平衡。

    逆风是低打球真正派上用场的地方。低打可以用于许多情况，在风中尤其有益。关键是避免全速挥杆，并将手保持在球的前方，手的位置必须到位。许多低打球是在向前挥杆较低的位置，但这仅仅完成了一半，手腕没有完全放松，有的干脆就像平常时击球一样，没有形成弧度。这里主要的目标就是控制好球，将球保持低飞的状态。

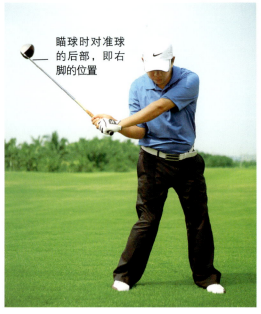

瞄球时对准球的后部，即右脚的位置

选择小角度的球杆

GIST 1 面对逆风时，务必要选择小角度的球杆，也就是减小球杆号码，才能让球保持低飞的状态。瞄球时对准球的后部，即右脚的位置。

在站姿后打球

不要完全挥杆，仅使出80%的力度

GIST 2 在站姿后打球（朝向右脚的方向），选择较大力度来减少球的旋转，挥杆是非常重要的，切记不要像常规挥杆那样用力（大概是通常力度的80%）。它可以避免球过多地旋转，球也不会飞得那么高，尤其是在易受风势影响的地方。

轻松挥杆

    一定要记住，在风中打球要轻松挥杆。轻松挥杆既可以减少球的旋转，也能使球的飞行轨迹不会很高，这两点对于在风中击球是非常重要的。

粗草突起的球位

粗草区是大部分球友最常遇到问题的地区。这种球位所使用的挥球方式一旦错误，就难以弥补。

球杆握短，至少往下握2.5厘米

球位往前移，双手放在球的上方

杆头不可着地

杆头悬停可以帮助杆头齐平地捕捉球，且确保击球准备过程中不移动球。

亚辛杰：高挥杆救球

美国籍的亚辛杰深陷草及膝的浓密粗草区。他采取高挥杆方式，配合扎实的握杆，并利用挺直的左手腕带动杆头通过击球区，成功地将球击出粗草区。

调整握杆位置

球杆握短可以降低以错误方式触击球的几率。

GIST 1 看到球浮在草上时，既要避免杆头往球下方直接触击的劈起方式，又要避免杆面上缘从球下方钻过去的触击方式。因此，球杆要至少往下握短2.5厘米，球位要靠近左脚一点，以增强杆头通过击球区时的扫击效果，还要注意击球准备时球杆不可着地。

杆身一呈水平位
置就停止挥杆

左肩旋转至下
巴下方

想象杆头要把
球从球座上扫
击出去

双手位于杆头
的前方，避免
挑高球杆的挖
起动作

40%   60%

 GIST 2 起杆时避免过早屈腕，让杆头以平挥杆的方式低低地离开球位，营造宽广的挥杆轨道，缩短上杆轨道。球杆握短当然有帮助，更重要的是记住球杆一呈水平位置就停止挥杆。

GIST 3 避免劈击式下杆。要专注且缓而渐进地将身体重心移向左侧。想象自己正从球座上以利落的触击方式将球扫击飞出。如果触击方式正确的话，杆头只会从草顶轻轻扫过，球比一般铁杆击球飞得更高。

GIST 4 身体重心移至左侧的平衡收杆姿势，在这里同样不可忽略。

困难球位

处理困难球位的目标，通常是为了降低失误。不过在某些情况下，可能会需要多一点冒险精神才行，所以应该多培养困难球位的经验，这样才能在球场上更得心应手。

杆面的位置
适合这种球位的理想球杆是7号或8号铁杆。击球准备时杆头趾部位于球后方，跟部明显离地抬高。

以反手击出起扑球

这种情形发生的几率很小，但它却有可能在一场最重要赛程的关键时刻发生，所以还是应该学习如何处理。球位紧贴着树干等障碍物，对于右手球员而言，根本没办法做击球准备。以反手击出起扑球是一个解决之道。转身背向目标，右手单手握住球杆。调整握杆方式，直到使杆头趾部位于球后方，跟部明显离地抬高。

GIST 1

以手臂前后挥动方式挥杆，将球朝目标方向击出，保持挥杆节奏平缓，不要太过用力。

想移动卡在树干旁的球，还可以以左手击球。对习惯右手挥杆的球友而言，这不是一件易事，但只要勤加练习，你会发现这是一个很好而且安全的脱困技巧。将杆头换个方向，改用左手握杆。

GIST 2 这一杆的主要目的在于移动球位，这也是面对这种球位唯一能做的事，专注于平顺的挥杆动作就可以了。

巴勒斯特罗：变通救球

面对困难球位，巴勒斯特罗会以反手击球来救球，就像在1994年的世界比洞冠军赛中的这一杆。不过这些看似冒险的挥杆，都是经过谨慎考虑的。图中这个球位，他只要触到球就算成功击球了。因为这一杆，不但是以挥杆来回避必须罚一杆的抛球，还可以将球朝目标移动一些。

杆面的位置

适合这种球位的理想球杆是弹道够高的8号铁杆，转动杆面方向，以杆头趾部进行击球准备。不要让这个特殊的杆头位置妨碍你击球。

GIST 1 挥杆动作尽量小，只利用手臂和肩膀带动挥杆就好，将屈腕程度减至最小。

GIST 2 和反手击球一样，此杆目标并不大，只要能以利落的触击方式将球移到安全球位就算成功。

下坡球位

从下坡球位击出的球容易朝目标右侧飞去。在处理时，掌握正确的击球准备姿势，以及了解下坡地形对击球的影响，是成功击球的先决要领。

球的位置往后，放在靠近右脚的地方

身体重心分配在前脚（左脚）多一点，有助于利落击球

40%　　60%

选择杆面角度

杆面的角度会受坡度影响而改变。下坡坡度非常陡直时，以7号铁杆击出的球，会变成以5号铁杆的弹道飞出。可在不同坡度的斜坡上不断练习，增加正确选择球杆的能力。

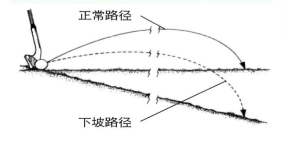

正常路径

下坡路径

GIST 1 在下坡球位进行击球准备时，脊椎必须尽量与斜坡地面保持垂直。这个姿势会使身体重心前移到左脚，肩膀也会因倾斜而与斜坡坡度平行。

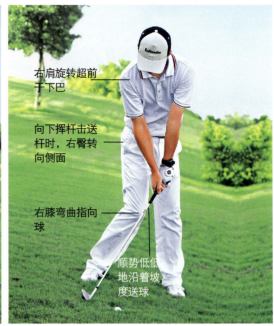

右肩旋转超前于下巴

向下挥杆击送杆时，右臀转向侧面

右膝弯曲指向球

顺势低低地沿着坡度送球

GIST 2 在上杆过程中，保持重心停留在击球准备时的分配状况（不过别让重心顺着坡度过度往下移）；下杆时，上半身旋转回复击球准备姿势，并注意左手腕和杆身所形成的角度不可变动。

GIST 3 从下坡球位击球最大的困难就是不容易把球击高，尤其同时还要控制挑高球杆将球挖起的手部动作。下杆时，顺着斜坡向下挥杆，用力触击球后，像沿着斜坡区赶球一样，杆头顺势继续通过击球区；送杆时，想象杆头随着右肩扭转，沿着向下坡度朝目标方向挥去。

GIST 4 重心转移在下坡球位的挥杆过程中，并不困难，向下坡度会使重心自然移至前脚，不会有失控的情形。重心应该平顺、徐缓地逐渐转移，一直到达完美的平衡收杆姿势。

史传奇：与斜坡对抗

圣安卓老球场的地势起伏不平，没有一位球员能幸免于坡地上的问题球位。史传奇1989年在老球场举行的登喜路杯球赛中，以卓越的坡地球位击球技巧，漂亮地打出低于标准杆10杆的优异成绩，创下老球场有史以来球赛纪录上最低的杆数。

● 上坡球位

上坡球位容易使击出的球朝目标左侧飞去，处理时，要牢记两个关键：第一，如果坡度相当陡直的话，球的飞行路径会受到很大影响；第二，击球准备姿势必须进行调整，才能改变挥杆轨道。

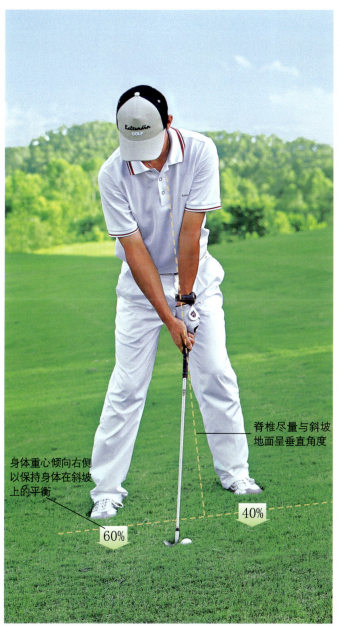

脊椎尽量与斜坡地面呈垂直角度

身体重心倾向右侧以保持身体在斜坡上的平衡

60%　40%

麦克森：保持杆面正确方向

上坡球位容易造成球朝左边飞出，在杆头通过击球区时，维持杆面方向不变。就像左手击球的麦克森一样。右手球手触击球后，必须延迟让右手翻转到左手上方，以帮助杆头保持与球垂直，使球沿着目标线飞出。

重心稳固在球后方

重心倾向右侧，以保持身体在斜坡上的平衡。

选择杆面角度

从上坡球位击球时，杆面的角度会受坡度影响而改变。坡度非常陡直时，7号铁杆击出的球会变成以9号铁杆的弹道飞出。不断练习会增加你面对不同斜坡时选择正确球杆的能力。

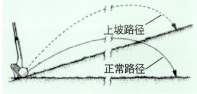

上坡路径

正常路径

GIST 1 脊椎必须尽量与斜坡地面保持垂直，肩膀稍微倾向球位后方，并使身体重心比较集中在右膝上。

背部转向目标

臀部做45度旋转

左膝弯曲，指向球

右膝保持弹性

注意身体重心不要随着坡度下滑

头停留在触击点的后方

50%

50%

根据经验，想完成优良的上杆动作，在挥杆过程中重心要保持在击球准备时的状态。

由于身体重心比平时更大量地落在球后方，下半身的动作也必须减少，双手在杆头通过击球区时容易显得过度凌厉，而导致球有朝目标左侧飞去的倾向。为了避免球路偏左，触击时尽量保持杆面瞄准目标，避免剧烈的重心转移，维持身体稳固于球位上方，同时挥杆节奏也要平顺。

右腿在送杆过程中，承担部分身体重心。

球位比双脚高

　　当球位比双脚高时，也要修正击球站姿和挥杆方式，球的飞行路径会因此受到影响（甚至会很大）。在斜坡上击球最困难的地方，就是坡度会使击球者在挥杆时失去重心平衡。无论你是哪一种身高及体型条件的球手，下面几个要领都可以帮助你建立平衡的挥杆以及稳定的击球。

球杆握短

瞄准目标右侧，以配合此种球位不可避免的左弧球

站立姿势比正确球位稍稍直一点

身体重心偏向脚尖

脊椎保持击球准备时的前倾幅度

努力保持身体重心的完美平衡

GIST 1　当球位比双脚高时，必须采取较高的击球准备姿势。球杆往下握2.5厘米左右，身体重心比正常球位稍稍偏向脚尖，以对抗斜坡上易发生的身体晃动。此外，记住站立位置离球远一点。

GIST 2　较高的击球准备姿势，易导致弧度较圆的扁平挥杆轨道。造成球击出之后，容易偏向目标左侧，击球准备时务必考虑。上杆时以稳定的挥杆节奏，保持脊椎前倾，一口气挥杆到顶点。

头始终停留在同一高度

下杆时，左肩向左侧旋转

双膝保持弹性

头停留在触击点后方

触击后顺势将杆头送出

GIST 3 下杆时，身体必须维持与上杆时同样的前倾幅度。这对于常常发生击球失误的前高斜坡球位（球位比双脚高），更是必须遵守的规则。一旦在挥杆中低头或抬头，拉动脊椎的前弯角度，各种击球失误都会发生。

GIST 4 触击时，想象杆头击球面瞄准着目标右侧，以由内而外的挥杆路径通过击球区。从球身的四点钟位置往十点钟位置触击，这种球位再配合圆弧形的挥杆轨道，极有利于采用这种方式。记住，正确击出的球应该是由右向左旋的左弧球。

巴勒斯特罗：困境中的完美平衡

这是巴勒斯特罗在1988年英国公开赛中一个令人惊叹的斜坡挥杆姿势，尽管身处困难度极高的陡直向上斜坡，他还是以完美的平衡度朝目标洞击出这一杆，体现了斜坡击球最精湛的境界——不管坡度有多么险恶，永远保持稳定的挥杆节奏，维持身体在挥球中的平衡。惟有如此，才能在困难球位获得比别人更优秀的击球成绩，脱颖而出。

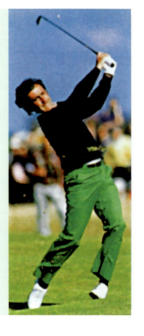

球位比双脚低

在比双脚低的球位击球，所需的技巧与斜坡击球相去不远，在此球位进行挥杆时，如果身体重心分配不正确的话，很难避免重心下滑的失误。

从腰部开始向前倾

球杆尽量往上握

瞄准目标左侧以配合可能击出的右弧球

双脚脚尖连线瞄准目标左侧

下巴抬起，让左肩有足够的旋转空间

起杆时提早屈腕

膝盖保持弹性

GIST 1 由于此种球位较低，击球准备时身体从腰部以上向前倾的动作要加大，球杆也要往上握，好让杆头触及球位。而且，站立的位置要比正常球位稍稍靠近球，身体重心偏向双脚脚跟以防止挥杆时身体随坡度往下滑。

GIST 2 上杆时，脊椎角度务必与击球准备时一致。头部停留在原来高度，才能准确击中斜坡球。双脚比球位高的击球准备姿势，容易造成较高的向后挥杆轨道，而使击出的球容易弯成偏向目标右侧的右弧球。

向下挥杆时保持
头部不动

双膝间保持
距离

将球杆的握把端
指向球

身体重心落
在脚跟

防止身体随着坡
度往下滑

脊椎维持击球准备
时的角度

触击时头不可以
抬起

左臀转向侧
面，以方便手
臂挥杆

GIST 3 以平顺的节奏下杆，同时左脚跟抓住地面，稳住身体不随斜坡往下滑。前低的斜坡坡度以及较高的向后挥杆平面，会使杆头以由外而内的路径通过击球区，击出由左向右飞行的侧旋球。

GIST 4 球杆低挥通过击球区后，继续顺势沿着目标线释放杆头，脊椎维持击球准备时的角度，身体重心则落在左脚脚跟上。

戴利：完美的平衡

戴利在1995年的英国公开赛决赛中，展示了此种球位击球的精彩球技。他瞄准目标左侧以修正不可避免的偏右球路，身体仍维持完美的平衡姿势。瞄准目标左侧以及保持身体平衡，这就是击球成功的要领。

水障碍

凡在水障碍界限内的陆地或水，都隶属于水障碍的部分。水障碍的界限是垂直向上延伸，用以标明界限所用的界桩、界标皆算在障碍内。水障碍区区域界限内的所有地面和水都是该水障碍区的一部分，球如果在该区域，即使是在干枯的地面上也是水障碍区内的球。

当小球整个淹没在水面下的话，很多球友会因为光影折射，而错误判断球实际所处的位置。所以，如果发现球完全沉没于水中，最好放弃救球。

当球并非完全浸没在水中的话，下水救球前，要先确认自己是否有足够的成功率可以把球救起来。这时首要考虑的就是附近的地形，确保自己的身体能稳稳站立，同时没有石头或树干等会让身体受伤、损坏球杆的东西。值得注意的是，和打沙坑球一样，做击球准备时不能先碰到水面，否则按规则要加罚两杆。

如果观察环境确认可以下水，又不想搞得全身湿透的话，最好穿上雨衣和雨裤。下水后，小球的击球方式和沙坑打法一样，要从球后方5厘米处的水面下杆。如果小球不幸落入浅水区或溪水河床，最好是利用7、8、9号短铁杆来处理这个困境，因为沙坑杆并没有像短杆般有较薄的切面能将球砍离水面。不过水的阻力较小，所以不需打开杆面，而是以方正的杆面和站姿击球。击球和送杆时双手要保持在杆头前面，并让杆头迅速滑过水面。球杆切入后，控制自己别太早抬头观看结果，稳住抬头动作，整个感觉就像处理沙坑球一样，水花四溅后球就出水了。

相对于开球木杆，挖起杆是球袋中最短的球杆，所以使用挖起杆时，双脚距离必须相对靠近些。挖起杆不用于击出长距离球，因此需要的挥杆弧度较小，也就是说，挥杆时对身体重心平衡的要求不那么严格。至于其他球杆所需的站姿宽度，就介于开球木杆与挖起杆的站姿宽度之间，球手可以从测试与失败经验中，找出最舒适、最适合自己的站姿。

击球时不要抬头，头部始终保持不动

选杆要比平时大一号

GIST 选杆要比平时大一号。击球时千万不要抬头，头部始终保持不动，很多人击球时喜欢去看球有没有打过水面，这样会抬头过早，影响球的飞行速度和力度。找准目标，轻松挥杆就可以了。

过树球位

正规的高尔夫球场会设置许多障碍，以考验球员的球技和心理素质，如在球道中设有沙坑、水塘、大树等，而高尔夫球运动的魅力正是通过这些障碍得以充分展现。球员不断地克服障碍，战胜自我，正是高尔夫运动的真正意义所在。几乎每一个高尔夫球场地中都种有大树。在击远距离球时，较难应付的障碍之一就是在正前方有一棵相当高大的树，一般人的打法肯定是绕道击球，一杆一杆地将球打过大树。如果能运用正确的杆法，大胆尝试，一击过树，常会起到出奇制胜的效果，创造出令人惊叹的成绩。最佳过树球位就是让球从树的顶端飞过去。

保持身体左侧低、右侧高的姿势

GIST 1 面对树时，注意保持身体左侧低、右侧高的姿势，用这种姿势振杆，杆头击球面下振到最低点后向上运动时，最容易击到球，球会很快地被击向空中。其中姿势和杆头的深浅程度，要依照树的高度和击球点到果岭之间的距离来调整。球位要置于左脚尖左侧，上杆时要较早做屈腕动作，下杆后更要充分跟杆，高举杆头。所用的球杆要精心挑选，一般应选劈起杆或沙坑挖起杆为好，杆面角度要大一些。

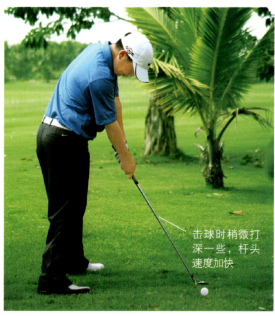

上杆时要较早做屈腕动作

击球时稍微打深一些，杆头速度加快

GIST 2

杆面充分打开，击球时稍微打深一些，杆头速度加快，这样就能把球抛高，让球飞过树端，到达下一个合适的击球区。

GOLF 球话

练就树后一击的技术

调整站位，增加杆面倾角

加宽站位，使双脚内侧刚好处于肩部外侧。杆面瞄准目标，站位开放约10度。球位比以往前移2~3厘米。挥杆轨道与站位平行，稍微向下击打。在粗草区打球能增加击球距离。草越高，打出的球旋转越少，这样的球飞得更远，滚动更多。

上杆轨道要陡

上杆至杆头接近髋部高度时，你应该感觉到杆头处于双手的外侧。你的站位经过了上面的调整之后，要做到这一点会更容易。即使杆头实际上并没有到达双手外侧，只要这样努力也能够使得杆面开放。挥杆要比以往更陡，上杆至顶点前就像是笔直抬升球杆一样。这样能使得下杆的力量更足，让球迅速跳起。

调整还原动作

在标准的击球中，你做还原动作时会使得球杆趾部转至跟部之前，双臂充分伸展。面对过树的击球时就不能这样做。相反，应使得杆面尽可能长时间地开放。

要做到这一点，应该想着使手臂迅速弯曲，使球杆指向天空。如果你是一位右曲球患者，这种垂直的还原动作对你来说会感觉很自然（实际上，右曲球患者打过树的球有明显的优势，因为他们的挥杆轨道较陡）。做几次练习挥杆，体会一下垂直的还原动作。触球时，你应该感觉球杆在再次上升之前与草叶的接触只是一带而过。

打曲线球绕过大树

如果觉得打球飞越大树太困难，也可以用打曲线球的办法绕过大树。比方说想打右曲线球，从树的右侧绕过，可采用开脚式，杆头击球面正对大树，瞄大树左侧，上杆时从目标线的外侧开始，手的动作要陡直。下杆时由外向内擦击球产生右旋，球就能飞出右曲线，绕过大树。

树下球位

当落球点的位置前方不远处是树障碍的时候，树冠挡住了球向上的飞行弹道，球只能从树下穿行才能避开树障碍的情况下，就可以采用低弹道的打法。

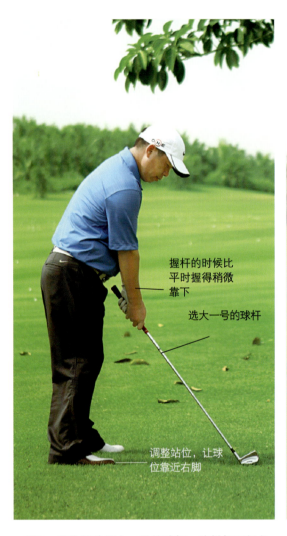

握杆的时候比平时握得稍微靠下

选大一号的球杆

调整站位，让球位靠近右脚

将球杆上杆至顶点后稍停顿

将目光放在球上

GIST 1 首先要选择大一号的球杆，这样杆面倾角比较小，打出的球会比原来低，调整站位时，让球位靠近右脚，比原来右移一两个球位，握杆的时候要比平时握得稍微靠下一些，杆头握短一些，尝试挥杆以确定容许范围内的上杆顶点，但注意不可触及树枝，以免罚杆。

GIST 2 将球杆上杆至顶点后稍停顿，保持球杆位置，然后将目光放在球上。注意，转移目光的同时，不要影响原来的姿势。

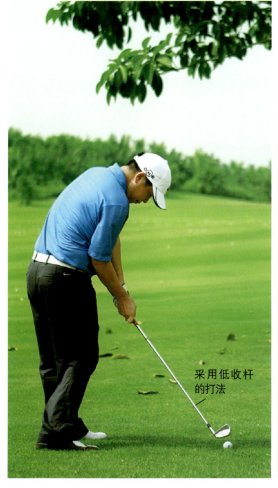

采用低收杆
的打法

GIST 3 最后收杆的方式不要采用高收杆，而要采用低收杆的打法，就是收杆的时候尽量下压让球平着飞出去。这样就可以成功躲避树障碍了。

GOLF 球话

击出一个低弹道击球

在树下击球，要做好必要的准备工作，比如清理周围杂物、分析球位、决定球的飞行轨迹。当开始下挥杆时，保留好脊柱的倾斜角度和臀部的角度，增加扎实触球的机会。朝下方击球后，继续送杆直至杆头过击球点，让你的双手引导杆头保留直至触球，产生一个降低的杆面角度，于是就能打出一个起球角度低的低弹道击球。

多练习几次提高击球成功率

对于不熟悉这些动作的人，可能无法随心所欲地完成。因此不妨先离开树下，练习几次停顿后再发动下杆的击球方式，会比较容易脱身。

四 沙坑球实战技术
BUNKER SHOTS TECHNIQUES

大部分球手在面对沙坑球时，都会感觉到恐惧和棘手，这种想法和实际的击球难度并没有直接关系，因为标准沙坑球的失误容忍度其实很高。只要技巧熟练，朝着球后方2.5～6厘米的区间击打，结果都不会太离谱。

● 击球准备姿势

所有球杆中，沙坑杆的设计是最能投击球者所好的，因此，想打好沙坑球，要先从了解沙坑杆的正确使用方法开始。

双手握杆，让杆面在握杆前就已经呈开式

杆头打开，悬停在沙地上方

击球准备时，身躯、肩膀及臀部都瞄准目标线的左侧

双手位于球上方，握杆不要太用力

屈膝，制造稳固的挥杆基础

注意杆头在击球准备时不可碰触沙地

 GIST 1 先打开杆面，再进行握杆，这可以确保杆面在挥杆过程中维持开式。双手往右侧翻固然可以让杆面在击球准备时呈开式，但当杆头通过击球区时，杆面就会变成与球垂直。另外，注意要往下握杆。所谓开式的杆面，就是要瞄准双脚脚尖连线的右侧。

GIST 2 从果岭旁的沙坑击球时，站姿和杆面都要沿着目标线呈开式，将双脚脚尖连线、臀部及肩膀瞄准目标左侧。

沙拉森：沙坑杆之父

　　19世纪30年代，当时的沙拉森虽然已拿下数个大型国际比赛的冠军，但仍认为自己在沙坑的表现不佳，决定改进沙坑击球配备。他锉去沙坑杆锐利的杆头前缘，因为太利的前缘会挖得太深，于是出现了杆头形状较浑圆的设计，杆头前缘加厚了，杆底厚度也较宽。在试打时，沙拉森发现，杆头一切入沙中，厚实的杆底产生的弹力马上将杆头弹出，所创造的爆破效果会将球从沙子中逼出。

短握杆

　　可以增加对球的控制，以及弥补双脚低于球位的外在事实条件。

双手轻轻握杆

双脚稳固地站在沙中

贺伯·葛林：爆破球

　　前美国公开赛及美国职业高球赛的双料冠军葛林，作了一个绝佳的沙坑"爆破球"示范。他发挥了高超的球技，以杆头扫击沙砾，通过沙砾的"爆破力"将球逼出沙坑。

GIST 3 　双脚往沙中站稳，防止身体在半挥杆过程中摇晃。把脚埋到沙中，还能让你感觉到沙坑的深度以及沙砾的质地，可以有效帮助你预估杆头击中球时，球会有何种反应以及球会如何飞出沙坑。

击球技巧

了解沙坑杆的原理以及沙坑击球姿势后，就不会觉得沙坑球技巧深奥了。正确地运用沙坑球技，你将不再畏惧沙坑。

杆头在起杆的最初30厘米距离内，要保持与双脚脚尖连线平行

脚尖连线

将背部转向目标

上杆时头尽量保持击球准备姿势左肩旋转到下颌下方

保持开式杆头

膝盖保持击球准备时的弹性状态

GIST 1 在起杆的最初阶段，一定不可以让挥杆平面太过倾斜。双手手腕应避免不必要的弯曲，手臂的挥动和身体的旋转力求和谐。你可以清楚地感觉身体各部位的动作如同一体，杆头至少在上杆最初的45厘米距离内，应该沿着双脚脚尖连线移动。

GIST 2 向后挥杆时，扭转左手腕和左前臂，仿佛要看左手腕上的手表表面。这个动作可以帮助杆面在挥杆过程中保持开放，使杆头在触击瞬间产生更大的弹力。

巴勒斯特罗：绝不低头

短击球时，头要尽量保持固定。巴勒斯特罗在到达上杆顶点时，头仍然停留在击球准备姿势，纹丝不动。试着学习头部的稳定度，尤其在沙坑击球时还要注意头要抬起至相当高度。

学习瞄准正确的触击点

学习瞄准正确的触击点对沙坑击球非常重要。想象球位在一支半埋藏于沙中的球座上。忘记球的存在，试图去击打球座。方法正确的话，这样的击球方式可以在不送出过多沙子的情况下，将球击出沙坑。

扭转手腕

双手到达右大腿侧面时，手腕就开始弯曲。屈腕动作可以帮助球杆到达完美的上杆顶点。

沿着宽广的弧度，和缓地移动球杆

脊椎保持击球准备时的角度

左臀在触击瞬间往左侧转

想象着杆头球下切入沙子，从沙中扫击而出

屈膝

沿着较平浅的挥杆平面向下挥，杆头从球的后面切入沙中

触击中，重心保持左侧

GIST 3 在上半身旋转的同时，感觉到杆头朝向天空。屈膝，重心集中在球位上方。

GIST 4 稳定地加快杆头到球后方约5厘米处。下杆时，身体往回旋转回到击球准备姿势，同时感觉手往左移，将杆头划过目标线进行触击。注意右手不要翻转到左手上方。

实用练习：往下触击后挖起

以下练习可增强对沙坑杆的掌控。站在沙坑中，不断前后挥杆，杆头扎实地拍击入沙中，将沙砾溅起，先不用球。通过这个练习让自己感觉沙坑球的击法，将杆头切过沙子扫击而出，而不是往砂子中挖下去。习惯后，放几颗球到沙坑中击球，看看是否已确实正确地使用沙坑杆。方法正确的话，球自然会应声飞出沙坑。

杆头扫击沙子

站姿和杆面都正确地呈开式，挥杆路径也保持紧贴双脚脚尖连线，球自然会笔直飞出，弹道也会高而充满弹性。

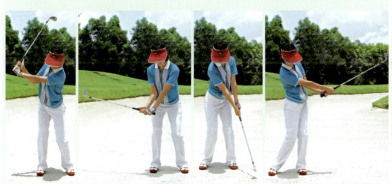

● 一般沙坑球的完美击球法

 距离果岭较远的长距离沙坑球要采取较高的站姿,以提升利落击球的几率。在击球准备时,保持杆头不落在沙地上。

 宽广而和谐一致的起杆动作:杆头、双手、手臂和肩膀,动作一致地离开球位,像在球道上正常挥球般地启动挥杆。

GIST 3 完美的挥杆顶点姿势：肩膀完成了充分的旋转、球杆的高度及角度正确、臀部稳固地发挥平衡作用，正蓄势待发准备向下挥杆，触击球的后方。

GIST 4 让杆头以先击中球、再碰触沙的方式触击，就像一般球道击球一样。如果是短距离沙坑球，则应该杆头先击中沙，使球从沙地上弹出。

GIST 5 击球后余势在这里充分发挥威力。随着杆头通过击球区，身体重心完全移至左侧，右肩也旋转到下巴下方。这时候，再抬起头来察看击球结果。

GIST 6 最正统的收杆姿势。球杆在触击后，顺势来到顶点，以完美的平衡姿势收杆。

半埋球位的击球法

高尔夫球位中最棘手的，就是半埋沙坑的球位，又称为"荷包蛋"，因为球若隐若现地藏在沙中，宛如荷包蛋一样。它看起来难度很高，但只要依照下面的要领，其实不难。

上杆时，手腕要提早弯曲

杆面在上杆时不能呈开式，必须与球垂直才对

方正的站姿

目标线

GIST 1 在进行击球准备时，杆面必须与球成直角，而非像一般沙坑球那样呈开式，球位在较后方，而非对齐左脚脚跟内侧，身体重心比一般沙坑击球更偏左，但双脚站姿要与目标线平行。

GIST 2 下杆平面必须比其他沙坑球陡直许多，整个挥杆动作也较猛烈。为了让杆面能以陡直的角度进行触击，起杆时就要采取高挥杆的方式向后挥杆。和一般沙坑击球相较，手腕要提早弯曲，杆头也要早些指向天空。

实用练习：在潮湿沙地中保持杆面方正

在潮湿的沙坑中击球，有一个和干燥沙坑相反的重大差异。击球准备时杆面一定要与球垂直，绝不能呈开式，其他的过程和一般沙坑球相同。要记住，从潮湿沙子中飞出来的球，飞行路径会比沙坑低一点，大雨后，沙子容易凝结而变硬，这时候，建议改用劈起杆来打。劈起杆的杆头前缘较凌厉，容易切入沙中，成功地发挥溅击沙子的威力。

到达顶点时，感觉身体的重心凌驾于球上方

坚硬如石的手腕

处理半埋球位时，杆头必须从沙中扫击而出，沙子会形成很大的阻力，当杆头通过击球区时，一定要保持手腕挺直。手腕稍有放松，就无法成功。

GIST 3 到达上杆顶点时，身体重心务必集中在球的正上方，必要时，可以稍微左倾一点点。这样的重心有助于营造较陡直的下杆触击角度。

GIST 4 要将球从半埋球位中成功击出，必须要在杆头倾注极大的力道。毫不犹豫地将杆头往下切过沙子，放心地下杆，不需考虑收杆问题。球会以相当低的路径飞出去，由于旋转不强，所以落地时不会产生翻滚。

GOLF PRACTICAL TECHNIQUES

上坡球位的击球法

球停在上坡位时，只要将站姿和击球准备姿势略作调整，大部分看似困难的上坡球位问题都可以解决。

扎实而不紧张的握杆

前腿膝盖保持弯曲

双肩构成的连线必须与坡面平行

身体重心必须较右倾

上杆时保持重心落在右侧，一直到挥杆顶点

GIST 1 上坡球位击球站姿的关键在于使脊椎尽可能地与斜坡保持垂直，在坡上寻找一个可以让球与左脚脚跟内侧对齐（或更往前靠近左脚也无妨）的站位。前脚（较靠近目标的腿）弯曲以帮助站姿稳定于球位上方。前腿如果没有弯曲，挥杆时身体将无法维持完美的平衡，成功将球击出沙坑的几率就会大大降低。

GIST 2 上杆时，最重要的是要维持击球准备时的重心分配状况。感觉球杆从右膝上方挥过，挥杆时球杆不要距离球位太远，当然，也绝对不能任由重心倒向左侧，要尽量维持稳定的站姿。

下杆时手腕绷直，帮助向前送杆

身体重心保持在球后方

屈膝

球杆触击后继续向前送杆至完美收杆

GIST 3 下杆时重心保持在后脚（距离目标较远的脚），你可以感觉杆头沿着斜坡往上通过击球区，像从沙子表面上划过那样触击。

GIST 4 大部分的球友在上坡球位击球时，球距往往不够远。为了克服这一点，要放手用力挥杆，才能将球顺利送上果岭上的旗标旁。从上坡球位击出的球，球距远到超过目标洞的概率少之又少，而且一着地就会停止，不太翻动。

普莱耶：爆破出坑

许多球员在上坡球位击球时，常常会以过度陡直的杆面对着斜坡触击，这是错误的做法。试着以沙坑大师普莱耶为楷模，学习建立良好的上坡球位击球准备姿势，使挥杆动作尽量正常，达到理想的效果。如果是逆风挥杆，要小心挖起的沙子吹落在你身上。

下坡球位的击球法

下坡球位的沙坑球非常难以处理。因为很不容易将球打高，但偏偏许多沙坑的前缘都很高，球路需要够高才能顺利出坑。下面的要领，可以改善下坡球位的击球方法。

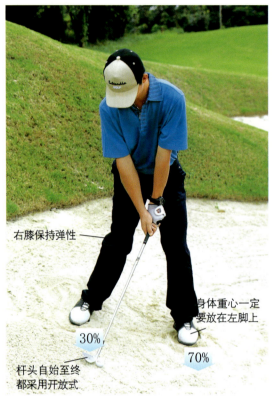

右膝保持弹性

身体重心一定
要放在左脚上

30%

70%

杆头自始至终
都采用开放式

手腕弯曲，
尽量使杆身
垂直

30%

70%

GIST 1 下坡球位击球准备时，球位尽量往后，以塑造足够陡直的击球角度。另外将身体重心逐渐移至左侧身体，直到左大腿有拉扯的感觉，球杆握短以增加操控度。

GIST 2 开始起杆，手腕就要同时扭转，避免杆头触击沙坑后缘，并创造此种球位击球必需的高挥杆轨道。

保持平衡

身体重心保持在左侧。在高尔夫挥杆中，除了推杆以外，这是唯一在挥杆过程中不需要右移重心的情形。

陡直的触击角度

在各种球位中，下坡球位所需的触击角度最陡直，要使杆头从球后方更猛烈地切入沙中。

挥杆后，身体降
低，越久越好

感觉杆头沿着斜
坡将球往下送出

GIST 3 双手带动杆头，沿着上杆的路径下杆，杆头将球后方的沙子高高溅起。充满信心地下杆用力触击，你可以感觉杆头在通过击球区的同时沿着斜坡将球击出。送杆时注意让杆头顺着斜坡低挥出去。

球位比双脚高的击球法

当球在沙坑中位于倾斜的球位时，无论击球准备姿势、挥杆动作或球的飞行路径等，都会受到坡度的影响。当球位比双脚高时，最容易发生的失误是杆头送出一大堆沙子，而球却还停留在沙坑中。

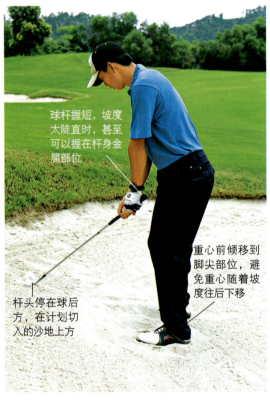

球杆握短，坡度太陡直时，甚至可以握在杆身金属部位

重心前倾移到脚尖部位，避免重心随着坡度往后下移

杆头停在球后方，在计划切入的沙地上方

GIST 1 球位比双脚高时，球杆必须握短，才能将杆头带到和球位相当的高度（在坡度相当陡直的情况下，右手几乎碰触杆身）。脊椎一定要挺直，重心前倾，以维持挥杆时的身体平衡。此外，请瞄准目标的稍偏右侧。

GIST 2 在球位比双脚高的斜坡上，脊椎挺直会让球杆以平挥杆方式贴近身体移动，使击出的球朝目标左侧飞去。请把杆头顺着下降坡度后挥，再以由内而外的路径低挥通过击球区。

琼斯：沙坑好手

许多人认为高球史上唯一能与大师级名将尼克劳斯相提并论的好手，只有琼斯一人。琼斯说过："沙坑和水池的差别，就好比车祸和空难之别，遇到车祸时，你至少还有生还的希望。"

头在挥杆过程中保持抬高

你可以感觉杆头是沿着目标线内侧往击球区移动

触击瞬间杆头从球后方往下拍击

GIST 3 斜坡球位击球的关键是脊椎始终保持击球准备时的角度，一直到挥杆顶点。在挥杆过程中，头抬高，脊椎挺直，以增加成功击球的几率。

GIST 4 到达挥杆顶点后，沿着上杆路径下杆，注意力集中在将杆头从后方5厘米处切入沙中。

GIST 5 杆头通过击球区时加快移动速度，让球朝目标左侧飞出。如果击球准备时站姿正确的话，球飞出后落点会正中目标区。在击打长距离的沙坑球时，让球落在目标洞稍偏左是很不错的打法。

球位比双脚低的击球法

球位比双脚的位置低，虽然还没有到无法在沙坑中立足的程度，但因为球位过低，击到球之后变成剃头球的几率相当大。

挥杆过程中，脊椎的角度维持不变

球杆尽量握长，让杆头触及球位

双脚重心比正常站姿稍微偏向脚跟，才能避免挥杆时身体随着下坡坡度向前倾

双脚牢牢站在沙子里，帮助挥杆时稳固重心

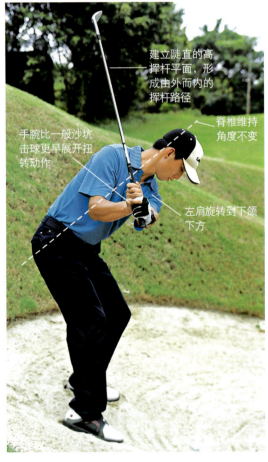

建立陡直的高挥杆平面，形成由外而内的挥杆路径

脊椎维持角度不变

手腕比一般沙坑击球更早展开扭转动作

左肩旋转到下颌下方

GIST 1 尽量将球杆握长，让杆头触及球位。上半身前倾的幅度要比"球位比双脚高"时加大，击球准备时也应瞄准目标左侧。

GIST 2 头始终保持在同一高度。沿着目标线外侧启动上杆，屈腕，用高挥杆方式上杆。不要抬头，只要身体稍稍有站直的动作，失误的几率就会大增。

头在挥杆过程始终维持同样高度

利用膝盖的弹性帮助向下触击

挥球过程中身体重心保持降低，充分相信由杆头制造出的球路高度

杆头以由外而内的挥杆轨道扫击

GIST 3 专注于球后方的触击点，杆头迅速地往下挥杆进行触击。尽量保持杆头低挥，越久越好，至少等球以预期的路径飞出为止。而且，飞出去的球会略微右旋，所以要先做好准备。

GIST 4 杆头切入沙中后，继续与双脚脚尖连线平行向前挥杆。这种由外而内的挥杆轨道有助于让球以低平但笔直的弹道朝目标飞去。

普莱耶：从练习中改进球技

1994年，普莱耶在皇家力松圣安妮斯球场举行的英国长青高球赛中的沙坑表现，就印证了这一点。面对这种难度很大的球位，普莱耶能将球击出沙坑，靠的正是他长年在沙坑击球所下的功夫。

沙坑边缘

当球不小心落到了沙坑边缘下不远处的沙中时，这种特殊球位也需要特殊的技巧。这时要使用劈起杆而不是沙坑杆，因为你需要使杆头进入沙面一点而不是触沙面后弹起。

边缘球 ——

握杆时双手下移，靠近
握柄底端

—— 左腿稳固支撑在斜坡
草地上

将注意力集中在球后方
3厘米处的一点

GIST 1 首先将双肩微微倾斜至刚好能配合斜坡的角度（即双肩与斜坡平行），然后将60%～70%的重心移至右脚，这使得右脚站在沙坑之中，左腿稳固支撑在斜坡草地上。这个姿势将会有助于球的正确飞行路线。握杆时双手下移，靠近握柄底端，使下杆轨道变陡，将注意力集中在球后方3厘米处的一点，以它为假想触球点，使球杆加速通过触球过程。沙坑边缘会使得你的顺势动作中止，但你仍然能够获得足够的动力使球飞出沙坑。

GIST
2
挥杆弧度成半V形，打击区域在球后方3～5厘米方位，球杆砍入沙中，不做收杆动作。

GOLF 球话

下半身一定要保持不动，靠双臂摆动击球，力度大于正常情况下的沙坑救球。

高尔夫沙坑的不同分类和多种用途

　　并非所有沙坑都是障碍，有些沙坑可加以利用，有些沙坑甚至能帮助球手纠正失误。如果了解这些沙坑的位置、用途和模样，每轮比赛还能降低2~3杆。

　　海滩（Beach）沙坑
　　像海滨浴场的白沙滩一样与水障碍区连接的沙坑。如果球在水边，可以脱掉鞋袜站在水里打球。

　　壶形（Pot）沙坑
　　为了防止沙子被风吹走，很多林克斯球场都将沙坑设计成壶形。因为比较深，救球时需要高角度。因为长得像锯齿，又名Revetted沙坑。

　　开球落球区（Carry）沙坑
　　坑沿比较平矮的球道沙坑。这样的沙坑比较平整，有时候甚至可以使用木杆。多见于狗腿洞。

　　荒地（Waste）沙坑
　　在这种荒地一样的沙坑里球杆触地也不受罚。修建此类沙坑是为了节省管理费用或追求视觉效果。

　　群沙坑（Cluster）
　　在宽广的球道或果岭周边建造连环沙坑，通常情况下，修建这些沙坑的目的是追求视觉效果和竞技性。

　　参照物（Directional）沙坑
　　指引方向或目标地点的沙坑。例如，在球道过长、难以掌握距离或很难辨认果岭位置时，这种沙坑的出现能给球手指引方向。此类沙坑一般位于目标地点的后方，通常危险系数不高。

　　拯救性（Saving）沙坑
　　安置在球道或果岭周围，以纠正球手的细小失误，维护比赛公平性。一般建在斜坡和果岭周围的危险地带，防止球滚入水障碍或OB区。

沙坑倒旋球

倒旋是指球在运动过程中，球的主要旋转方向是球的底部与球体的运动方向相同而球顶与球体的运动方向相反。倒旋球在着陆后，其旋转与地面产生的摩擦力会减少，甚至抵消球沿主运动方向与地面产生的摩擦力，从而产生球落地后的急剧减速、急停甚至后退。

倒旋的产生是击球瞬间杆头与球接触产生的摩擦力方向决定的。在一般情况下，由于击球点通常在球的后部或后下部，只可能向下运动的杆头带来的向下的摩擦力是造成倒旋的根本原因。

通常只有下砸式的击球才可能产生倒旋（当球位于沙坑里或悬浮在长草上，充分打开的杆面以一种从"球底穿过"的方式也可能打出倒旋），在实践中，打出倒旋球的一个重要的因素是必须有非常扎实的击球。打出倒旋的另外一个重要因素与杆面角度有关，越小的杆面角度越难打出倒旋球。

沙坑倒旋球，一般是高手的打法，著名球星泰格·伍兹在这种倒旋球的打法上有自己的技巧。

让手指接触握把的部分多一些

打开站位，球位靠前

前沿仍然正对目标方向

GIST
1

首先调整握杆，让手指接触握把的部分多一点，这样在送杆时更有利于翻转手腕。这也是唯一适合翻转手腕的打法。打开站位，球位靠前，杆面打开较多，但是前沿仍然正对目标方向。

GIST 2 挥杆时弧度相对比较陡直，这样杆头在下杆打沙时的角度也会比较陡直。

GIST 3 杆头通过球下沙子时一定要加速，所以需要用右手非常用力地向下挥杆。这样打出的球飞得比较高，而且在落地后会很快停住，形成完美的沙坑倒旋球。

GOLF 球话

正确击打沙子

在沙坑中获得倒旋的关键是正确击打沙子。沙坑救球时，你都要让沙坑挖起杆的底部在球后2～3厘米打入沙子。沙坑挖起杆的底部被设计成锋利的前沿和扁平的后沿，所以利用反弹角意味着用后沿击打沙子而不是前沿。

沙坑挖起杆的前沿很容易挖进沙子。如果这个部位打到沙子，球杆很容易挖深，从而导致杆面和球之间加入太多沙子，那就很难获得倒旋了。沙坑挖起杆的后沿则能够柔滑穿过沙子。当它在球后打中沙子的时候，球和杆面之间的沙子就非常少，从而更好让杆面摩擦出更多倒旋。

长距离沙坑球

在面对50码以上距离的沙坑球时，需要注意力高度集中，并坚信自己所选择的打法。无论你选择的是先打沙还是先触球，距离控制必须要精准。根据球位，可以选择从沙坑杆到8号铁之间的球杆。

两脚的宽度与平时站位一样，球位偏后一些

GIST 1 打长距离沙坑球时，两脚的宽度与平时站位一样，球位要偏后一些，这样可以在挥杆弧线底部的前方点触击到小球，使小球飞得更低、更有力。

挥杆的运动轨
迹比较平滑

双脚和杆面相对
于目标方向都应
该保持方正

GIST 2 挥杆的运动轨迹应该比较平滑。此时，双脚和杆面相对于目标方向都应该保持方正，就像一次铁杆的全挥杆。

下杆时，角度
要竖直一些

GIST 3 下杆时角度要竖直一些，杆面与目标线保持方正，以便减小杆面的倾角。瞄球后3厘米左右的位置，3/4上杆加速通过触球区。这样可以产生更大的击球力量。这时，我们只需要像平时那样挥杆，也能让小球飞得更远。触球过程中，双膝朝目标方向移动，卷起薄薄的一层沙子并且充分收杆。

近距离软着陆沙坑球

近距离软着陆沙坑球的击球能够帮助你增加球的飞行高度，而这一点是标准打法做不到的。

当你的球落进了果岭边沙坑，球位理想，但球距离球洞只有几步远。按照标准打法应该使用特殊铁杆，使杆面开放，让挥杆轨道切过目标方向线，打出高飞球。但在这种特殊情况下，简单的倒旋球是无法满足要求的，因此需要使用高吊球杆。

GIST 1 站位与目标方向线平行，球接近于正对左脚脚跟，上体向目标反方向倾斜。此时，重心保持在身体后侧，将球杆握到双手前方。感觉就像是用杆头底面拍打球下方的沙面。握杆时手向下移，碰到金属杆身处为好，这样可以进行小幅度且效果明显的挥杆。可将球打高，球落地后滚动较少。杆面朝向你希望球着陆的地方。

GIST 2 做击球准备时，身体重心和手均向前倾。身体重心放在左脚上，可防止手腕试图将球挖起的动作。使杆头在球后方3厘米处进入沙面。

GIST 3 击球后，注意观察髋部和手臂向左转的情况，此时，右脚跟稍稍抬起。注意顺势动作的幅度要小、要稳，这样才能保证球落地后只有较少的滚动。

GOLF 球话

抛掷杆头的注意事项

抛掷杆头的过程中，在杆头挥到双手前方时，不要使杆头向左移动。右手保持在左手下方，在顺势动作中让杆面朝向天空，而不是朝向身后。

GOLF PRACTICAL TECHNIQUES

🏌 浅沙对策

沙坑的种类很多，浅沙就是其中的一种。这种沙坑所铺的沙子较薄，即使球落入，也会停在沙子上面。这样的状况容易让人产生错觉，误以为无法像打正常沙坑那样让杆头从球下的沙子中滑过，容易犯的错误是用球杆去捞球。

GIST 1 为了避免捞球的动作，在对付这种沙坑球时可以采取正常的站位，但是杆面要打开，球位在站位正中间，身体重心放在左脚。

GIST 3 利用沙坑杆背部的擦地角度，让球杆可以轻松地从球下方的沙子滑过，避免杆头砍入沙子过深。

GIST 2 陡直上杆，轻松挥杆。

GIST 4 触球后体会杆头的重量，让杆头的重量去完成送杆动作。

独门绝学：掌握沙坑球的四种训练法

球座梯练习法

将一个球座插入沙中，使之刚好与沙面齐平，将球放在球座上。挥杆击球时，同时将球座击出沙坑，使之飞向洞杯方向。这个练习可以助你掌握用沙杆边缘从球底部浅浅削出，将球救出沙坑。

沙堆练习法

在沙坑边堆一个沙堆，在沙堆上摆放一个球，选中30码外一个目标。先在草地上将球劈起，然后击出沙堆上的球，注意对比它们不同的加速度和挥杆幅度。这个练习可以让你感觉到沙坑球所需的正确的加速度。

不同杆练习法

在沙坑击球必须开放杆面，球位靠前左脚，目的是找出怎样的挥杆能够将球击出沙坑，并获得特定的距离，这在球道沙坑中颇有用处。在沙坑用不同的球杆击球是一个很大的挑战，比如劈杆、9号铁杆、7号铁杆或者5号铁杆。

爆炸式击球练习法

爆炸式击球是将沙坑中的沙子掀起，让沙子将球带起并使其脱离沙坑的练习。这个练习需要前面三个练习的技巧。在沙坑中画一个圆圈，直径大约三个球，在圆圈中间插一个球座，目标是把球座击出的同时把圆圈中的沙子击出，留下一个小坑。留意击出的沙子飞出的距离和自己挥杆的感觉。

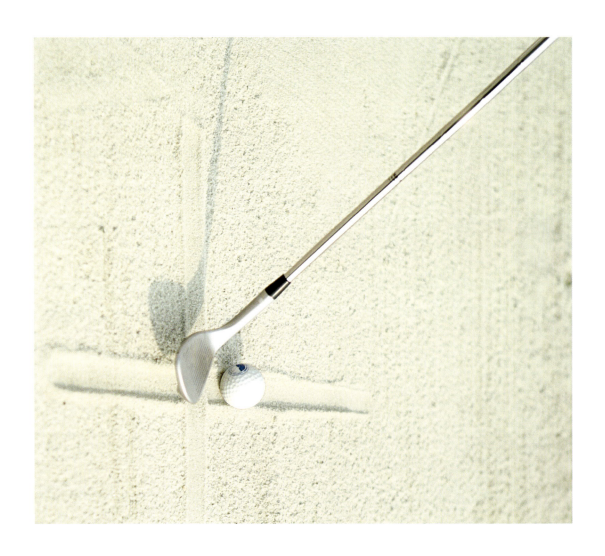

推杆实战技术
PUTT TECHNIQUES

在高尔夫运动中，推杆表现可说主要是受球手个人特质与个性的影响。尽管如此，出色的推杆还是有共通点的，身体各部分的动作要完美地配合，才能产生稳定且能一再重复的推杆。

握杆方式

一般所建议的全挥杆握杆方式主要分成三种，至于推杆的选择就非常多，但是根据前人的经验，采用反复叠握法较容易掌握推杆。以下的练习将会逐步解析这种握杆的步骤。

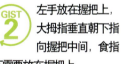

GIST 1 双手放在握把两侧，掌心相对，左右手都要和目标保持方正。

GIST 2 左手放在握把上，大拇指垂直朝下指向握把中间，食指不需要放在握把上。

GIST 3 右手放在握把上，大拇指也朝下，手指包住握把，再将左手食指放在上面（可根据个人偏好，按照图中的方式，让左手食指朝下指向握把，或像Gist4一样，把食指稍微塞到后面）。

GIST 4 右手食指向下放在握把一侧，这样会加强对推杆的控制，至于究竟要往下放到握把的哪个位置上则是根据个人偏好。要轻柔地握住球杆，力道不能比全挥杆还大，因为推杆讲究触感，适度的握杆力道才能维持一定的感觉。

预备姿势

推杆有点像是高尔夫挥杆动作的浓缩版。也就是说，正确的击球预备姿势是稳定推杆的首要要件，便于建立良好挥杆动作，增加击出扎实、笔直的推杆球的机会。

眼睛置于球的正上方

双手拇指朝下贴近杆身

采取放松而舒适的击球准备站姿

肩膀与目标线平行

双手置于球上方，甚至超前也可以

确定杆面须垂直朝向目标线

GIST 1 不论身高、体形或击球习惯如何，目光集中在球的上方，是推杆预备姿势中最重要的一点。这样，只要转头就可以找到杆头到目标洞的瞄准线，也不需要移动肩膀让身体瞄准目标线。

GIST 2 完美的击球准备必须具备许多要件。首先，球的位置必须往前，最理想的位置是与左脚脚跟对齐，你可以视需要将球稍稍往后移，但是移动距离不要超过一个推杆杆头的宽度。将球放在这个位置，能够确保杆头以稍稍上扬的路径触击球。此外，双手必须置于球的上方，甚至稍微超前都无妨，杆头击球面则要与目标线垂直。

实用练习：找出球的理想位置

可以利用下面的方法，检查自己是否掌握将眼睛置于球上方的要领。依平常习惯做好推杆准备姿势，从鼻梁下方往地上抛下一颗球。球坠地的点就是最理想的球位。记住，正确的击球准备程序是先建立舒适站姿，再进行瞄准。

和谐中性的握杆

双手掌心相对的握杆方式，是最有效的。所谓"中性握杆"，就是双手和谐一致地握杆完成击球动作。注意握杆时双手的拇指往下贴近杆身。

平顺的钟摆动作

最有效率、最稳定的推杆打法，应该是将球杆像钟摆一样，平顺而有节奏地前后挥动。推杆杆头的重量，会通过前后的挥动转化为动能，球手则需让身体习惯这种钟摆式的挥杆动作。

杆头通过击球区时，头保持不动

上半身维持由肩膀和双臂横成的虚拟三角形

握杆不要太用力

注意杆头低低地向下移向地面

挥杆过程中，上半身保持这个虚拟的三角形

双手回放到击球准备位置

GIST 1 推杆球和其他全挥杆击球一样，也要求身体和谐一致地进行起杆。双臂、肩膀及推杆一致地从球后方启动上杆，双手呈被动状态。上杆时专注于"左肩膀向下"的想法，有助使挥杆动作更正确。

GIST 2 向下挥杆，平顺地加速至击球瞬间。注意双手以均匀的力度握住球杆。如果球的位置正确，钟摆效应会使杆头在稍稍上扬的阶段，触击到球。

实用练习：杆面垂直地通过击球区

以下练习可帮助你维持杆面以垂直角度通过击球区，佛度曾使用此法，使自己重振雄风，拿下1992年英国公开赛冠军。

站在离洞1.5米以外的地区准备击球，果岭弯度越小越好。将球推向目标洞，不需先有上杆的动作，以击球准备姿势直接推杆。球进洞就表示杆头击球面瞄准角度正确；球不进洞则表示击球面没有以垂直角度击球，或没有沿着目标线移动。

矫正推杆问题

推杆区是球场上最令球员扼腕的地方。所谓的"推杆失误"就是因为紧张而痉挛，导致推杆动作中左手腕松脱弯曲，让右手腕翻转到左手上方，而使球以意外的速度朝目标左侧飞去。这种失误连高球史上的伟大球员都无法避免。

眼睛保持在球上方

双手换位握杆是防止推杆失误的良方

左手臂与杆身形成一笔直线条

左手腕在击球过程中保持挺直

挥杆中尽量保持头部固定

送杆的挥杆幅度要和上杆时一样高

GIST 1 双手换位握杆是用来防止推杆失误最广泛的方法。右上左下的握杆法能使钟摆式的前后挥杆动作更顺畅，还能使左手腕在杆头通过击球区时保持绷直，有效预防推杆失误。

GIST 3 大部分球友在击出球后，便忽略了送杆动作的重要性。杆头在通过击球区时，一定要确保手腕不弯曲。将杆头朝目标洞方向加速移动，并注意顺势送出的球杆挥动幅度要和上杆时一样高。

以肩膀的旋转
来带动挥杆

上杆时右手腕
可略微弯曲

持续保持左
手腕绷直

双手左下右上的位
置，可以帮助手腕
稳固不动

腿在挥杆过
程中完全保
持被动状态

GIST 2 双手换位握杆所进行的挥杆，和传统握杆法的挥杆动作一样，肩膀和缓地旋转，控制双臂向后挥杆。在球杆前后挥动的过程中，双手始终保持被动状态。

GIST 3 左手腕在进行触击时保持绷直，这样可以帮助杆头击球面以垂直于目标线的角度通过击球区。

蓝格：战胜窘境

蓝格曾经两度在果岭上发生推杆失误，也两度成功克服危机。他对抗推杆失误的绝招，是采取独特的钳式握杆。将左手往下移，握住握把下方的杆身，右手再握住左手前臂——这是防止左手腕在触击过程中松脱或弯曲的有效方法。推杆失误大多是由于右手单手控制挥杆，只要预防这种情形，就可以避免推杆失误。

应付果岭斜度

有坡度的果岭令人害怕，尤其是又陡又急的斜坡。面对果岭斜坡时，多数球友会因为过度谨慎而未能充分发挥推杆球的实力。其实，从球位到目标洞的路径永远是笔直的，是果岭上的起伏坡度让球路弯曲，因此仔细而正确地观察果岭斜度，是良好的果岭推杆不可忽略的环节。

从大范围观察进攻果岭的路径

冬季草比较长，球路比夏季直些

夏季的草修剪得比较短，球的弯曲弧度比较大

观察草的修剪方向是与推杆球前进方向相同（草色较淡）还是相逆（草色较深）

以感觉测量果岭上的坡度状况

GIST 1 当果岭地面起伏不平时，推杆球路便会弯曲，弯曲度的大小取决于果岭上的球速，而球速又取决于杆头在触击时的移动速度，通过练习和观察，仔细体会果岭上球速快慢间的差异。

GIST 2 观察果岭起伏坡度及弯曲度，是一项要靠经验累积的能力。不过有一些要领可以加快学习速度。例如：一靠近果岭，就仔细研究，对球位有一个尽量准确的通盘概念。

实用练习：学习判断静止重力

长距离推杆，加上球位与目标洞间地面起伏不平，这是果岭推杆的一大挑战。希望每一次推杆都能靠近目标洞，只有靠敏锐的感觉，对果岭状况作出正确的判断。

站在一个地势起伏的果岭侧边，往另一侧边推杆。尽量让球停止在果岭边缘前，不要超过。和朋友比赛会让练习更有趣。

实用练习：垂直击球

对于1.5米以内的短距离推杆，杆头以笔直轨道向后挥杆和向前触击是最佳的路径选择，这个练习可帮助你习惯这种挥杆轨道。在果岭上找一个离目标洞约1.2米的地方，在目标洞两侧各摆一支球杆，形成平行轨道。按正常的推杆方式在轨道间练习推杆，注意杆头应在球杆间移动，不可碰触球杆。如果杆头击球面确实与目标洞垂直，每一球应该都会进洞。

● 完美的推杆节奏

 将推杆的趾部抬高来进行击球准备。双手握杆的位置相当低，身体前倾于球上方。目光直接从球上方俯视着球。

 敲击式的推杆打法主要靠双手而不是靠肩膀来带动球杆。右手带动球杆，以高挥杆方式起杆。

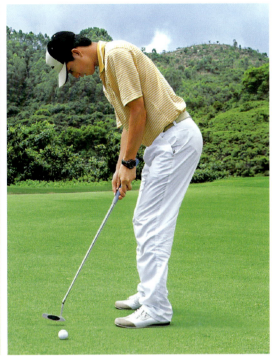

 推杆到达挥杆顶点时，离地面相当高。

 让杆头回复到以垂直面进行触击，头在杆头通过击球区时，始终和击球准备时一致。

 杆头通过击球区时，身体如果移动，即使是最微小的动作，也可能会导致击不中球。最好能在球击出后，身体还是纹丝不动。

完成推杆后，除了头抬起来检查球的位置，身体姿势和击球准备时一模一样。

GOLF PRACTICAL TECHNIQUES

附录

 世界四大高尔夫比赛
FOUR MAJOR GOLF COMPETITIONS AROUND THE WORLD

高尔夫球比赛是指球手从发球区击球开始，直到球在果岭被击入球洞为止的竞赛。当今世界有四大"大满贯"赛事。

● 美国名人赛

美国名人赛又称"美国大师赛"，第一届时的名字是"奥古斯塔邀请赛"，因为举办人鲍比·琼斯认为"名人"这一字眼未免有些妄自尊大，有失高尔夫球手应有的涵养与谦恭，但奥古斯塔球场从存在的第一天起，其本身就是超凡脱俗的名士们的小天地，琼斯后来也就不再坚持他个人的意见。自1938年起，奥古斯塔的比赛正式采用"名人赛"这一名称。半个多世纪以来，世界各地陆续举办过不同名目的"名人赛"，有些也形成每年一度的重要传统赛事，但与美国名人赛相比，依然是小巫见大巫。

美国名人赛没有正式的选拔及格赛，但要取得其参赛资格实非易事，奥古斯塔国家高尔夫俱乐部对参赛资格作了14条规定，奥古斯塔俱乐部委员会还有权根据它的判断来邀请那些不符合这14条参赛资格的外国选手。因此，奥古斯塔俱乐部委员会拥有很大的权力，其行事原则是保持美国名人赛的高水准和维护其尊贵的形象。

鲍比·琼斯

鲍比·琼斯与美国名人赛

美国名人赛有今天，要归功于鲍比·琼斯（Bobby Jones）。琼斯于1930年完成大满贯的壮举之后，28岁就激流勇退。退休后，他潜心献身建造一座属于自己的球场，在那里，他可以不受记者采访的干扰和观众喧闹的影响，静心地与朋友们切磋球技。1934年奥古斯塔球场（Augusta National Golf Club）终于落成，而这个球场也成为美国名人赛的诞生地和永久故乡。

美国公开赛

　　1895年10月，首届美国业余赛与美国公开赛同时在9洞的新港球场举行。美国公开赛在诞生后的最初10年，知名度并不高，直到1911年，美国人约翰·麦卡德莫特成为此赛事有史以来的第一位本土冠军。

　　麦卡德莫特的胜利鼓舞了美国人，也极大地影响了美国的高球运动。在那之前，全美约有35万人在打高尔夫，其后十年间，这个数字猛增到200万人。随着美国选手称霸赛事，它慢慢演变成一项世界级的高尔夫比赛，并于1934年跻身四大赛之列。

　　美国公开赛发展至今，在世界高坛享有尊崇的地位，这离不开美国人拼搏、不甘居后的精神特质。现在，美国公开赛已经成为孕育伟大球手的摇篮，如威利·安德森、波比·琼斯、本·霍根、杰克·尼克劳斯、泰格·伍兹……他们的骄人业绩成就了美国公开赛的辉煌历史！

英国公开赛

　　英国公开赛始于1860年，悠久的历史和尊贵的地位使英国公开赛成为高尔夫历史上最古老、最负盛名的大赛。

　　从规模来看，英国公开赛是四大满贯赛中参赛人数最多的一个。自1860年起，参加比赛的人数逐渐增加。1971年举办第100届比赛时，参赛人数已超过500人。到了1982年，参赛人数第一次突破千人大关。从赛事总奖金额来看，虽然英国公开赛略低于其他三项大满贯赛，但世界高坛里还是有相当一部分人将它视为四大大满贯赛之首。

　　翻开英国公开赛的历史，可谓群星灿烂，其中有三个重要人物为世界高坛写下了辉煌的篇章：哈里·瓦登和汤姆·莫里斯父子。

　　老汤姆曾四次获得英国公开赛冠军，他的儿子小汤姆更是青出于蓝而胜于蓝，成为1868年、1869年、1870年和1872年英国公开赛四连冠得主，他也是英国公开赛146年历史上，唯一一位四连冠得主（1871年未举行比赛）。由于小汤姆在1868~1870年之间连续三次获胜，奖品银制扣环皮带永远归他所有，导致1871年停办了一届比赛。1872年，他第四次获胜时，所获得的奖杯才是沿袭至今的英国公开赛奖杯，即一座银制葡萄酒壶。

美国PGA锦标赛

　　美国PGA锦标赛从总奖金来看，与美国公开赛并列第二位；从冠军奖金来看，它仅次于美国名人赛；从年资来看，1916年创立的PGA锦标赛排第三，资历略逊于英国公开赛和美国公开赛；从比赛时间来看，它在每年8月，是四大赛的最后一项。1916~1957年都进行比洞赛，1958年至今采取比杆赛方式。

　　美国PGA锦标赛是美国PGA成立后的重大举措，由提出创意的费城的百万富翁罗德曼·沃纳梅克（Rodman Wanalmake）捐赠奖杯。

成就最突出的高球球手

　　美国人杰克·尼克劳斯是世界高坛唯一赢过四大赛两次以上的选手。他赢过6次美国名人赛、4次美国公开赛、3次英国公开赛和5次美国PGA锦标赛，共18次赢得四大赛，如果加上两次赢得美国业余公开赛，则取得过新老四大赛20胜，堪称空前绝后的伟大成就。他也是历来世界高坛一流选手中整个高球生涯每轮平均杆数最低者：71.0杆。他还是一位出色的球场设计师。至1993年，他在全世界23个国家设计了105个高球场，广受人们好评。

世界著名高尔夫球场
THE WORLD–FAMOUS GOLD COURSE

● 圣安德鲁斯老球场：高尔夫的"麦加圣地"

圣安德鲁斯，这个古老的苏格兰小镇是高尔夫的故乡。圣安德鲁斯英国皇家古老俱乐部是全球高尔夫运动的领导者、仲裁者，也是英国公开赛的拥有者。圣安德鲁斯老球场绝对无愧于"高尔夫的麦加圣地"的称号，每个打高尔夫的人都梦想今生至少要去那里"朝拜"一次。

600岁的老球场

早在6个世纪之前，圣安德鲁斯老球场就与高尔夫结下了不解之缘。据说早在1400年，苏格兰人就开始在圣安德鲁斯镇海边一块贫瘠的土地上，用果树枝制成的木杆，进行最初的高球比赛。而这块因为贫瘠而被农夫废弃的土地，最终成为全世界最著名的高尔夫球场——圣安德鲁斯老球场。

每个沙坑都有名字

圣安德鲁斯老球场以其自然形成的地理环境而闻名于世，总是显得很硬、很平，也总是那么难打，世界著名的奥古斯塔球场以及世界无数球场的果岭都以此为模本。圣安德鲁斯老球场有112个天然沙坑，每一个沙坑都有名字，跟世界上任何一个沙坑都不同，其中包括著名的第14洞"Hell"、第11洞"Strath"以及令人闻风丧胆的第17洞"Road Hole"。如果能一次完成18洞，将给球手带来无限满足。

奥古斯塔国家球场：球场中的极品

奥古斯塔国家球场是一座在世界上享有盛誉的高尔夫球场，可谓"经典之作"，它还是美国名人赛的固定比赛地。

鲍比·琼斯的最高成就

说起奥古斯塔国家球场，不可不提球场的创始人——鲍比·琼斯。1930年，拿下四大赛的四个大满贯后，年仅28岁的琼斯宣布封杆引退。而琼斯在高坛的最大成就或许正是在他退休后创建了声名卓著的奥古斯塔国家球场。

琼斯一直有着很强烈的圣安德鲁斯情结，是圣安德鲁斯老球场的狂热爱慕者，也一直憧憬着建造如圣安德鲁斯般传奇的球场。第一眼看到奥古斯塔国家球场原址，琼斯就知道这里将会成为世界上最漂亮的球场，而琼斯的想法与当时世界上最好的球场设计师艾利斯特·麦肯兹博士不谋而合。

美国名人赛固定场地

1933年，奥古斯塔球场终于落成。到1934年，奥古斯塔已经成熟了许多，琼斯决定通过邀请方式举办非正式巡回赛，称之为奥古斯塔国家高尔夫球俱乐部邀请赛。但这个名字仅仅持续了4天，之后的70多年时间里，邀请赛一直被称为"名人赛"，这一球场也成了美国名人赛的诞生地和永久性故乡。美国名人赛的传统比赛时间是每年4月的第二周。

鲍比·琼斯

最经典的"阿门角"

奥古斯塔俱乐部的球道无疑是世界上最优秀的。这个球场原本就是一个战略性设计的典范，在这里每一个高尔夫球手都要认真考虑怎样打好每一杆。俱乐部在建成以后，先后按照佩里·麦克斯维尔、罗伯特·琼斯和杰克·尼克劳斯等著名高尔夫球大师的指点进行了改建，使得该球道更为经典。

该俱乐部有一个18洞标准场地和一个9洞场地，其中标准场地中的11、12和13洞被认为是世界上最难的球洞，被人们戏谑地称为"阿门角"。这个有趣的名称源于著名的美国高尔夫作家荷伯·瓦伦文德，他认为球打到这里，唯有通过向上帝祈祷才能使球平安打过。在"阿门角"，击球的难度以及球在果岭滚动的迅猛速度，构成了奥古斯塔球场的最大特点，也使之成为考验高尔夫球手水平的重要手段。

奥古斯塔国家高尔夫球俱乐部的每一个洞都是以生长在球场的树、花和灌木命名的。沿着第15洞的球道和果岭盛开的木兰花正是第15洞的名字。球场上最为苛刻的第12洞，被命名为"金钟花"。那些美丽的开花树木和灌木丛以及细心呵护的球场边缘，与精心修剪的球道和果岭相映成趣。球道看起来非常吸引人，果岭宽阔而且生机勃勃，而沙坑只是零星可见。

奥古斯塔球场近年来又有了很多改进，但是球场的总体规划设计风格在70多年间的变化，都遵循了琼斯的基本设计观念，尽可能多地利用这里的天然条件而不依赖于人工设置的障碍，来使比赛变得生动有趣。

凡考特酒店乡村俱乐部：非洲高尔夫乐园

如果到非洲打高尔夫，南非是你的首选。这里全年阳光明媚，风景如画，球场数目极多，设计也较好，并且是世界上打高尔夫球费用最低的国家。在南非排名第一的球场就是Fancourt乡村俱乐部。

非洲最好的球场

Fancourt乡村俱乐部在南非高尔夫球场中居于首要的地位，并且是唯一一个被列入南非"世界著名高尔夫胜地"的国家级高尔夫球场。

2003年度美国"总统杯"高尔夫球大赛在此举行，那是"总统杯"第一次在美国以外的国家举行，也许这正体现了Fancourt的品质。除此之外，女子世界杯比赛、南非公开赛、BMW杯国际高尔夫巡回赛世界决赛等重要赛事都选择在这里举办。

Fancourt乡村俱乐部内设两个由Gary Player设计的18洞标准高尔夫球场，供入住酒店的游客和高尔夫俱乐部会员使用。第三个高尔夫球场，即"Links"球场则专供来访的高尔夫球爱好者使用。

Gary Player设计的这个18洞高尔夫球场对高尔夫球爱好者具有莫大的吸引力，因为在这里他们可以享受到站在临近海岸的球场上尽情挥杆击球的乐趣。也有人评价Fancourt的球场有老苏格兰球场的味道，因为它有着各种起伏的地形，与英国的球场一样诡异。

墨尔本皇家高尔夫俱乐部：澳洲球场之冠

建于1891年的墨尔本皇家高尔夫俱乐部是澳大利亚最古老的俱乐部，也是澳大利亚最好的球场，在高尔夫球界享有尊崇的地位。

打球去南澳

自从1820年南半球第一个高尔夫球场在澳洲的塔斯马尼亚岛建成以来，高尔夫球在澳大利亚已经有近200年的历史。深厚的高尔夫传统让当地人将高尔夫视为生活中不可或缺的一部分。

澳大利亚拥有1400多个世界级的高尔夫球场，常年吸引着全球各地的高尔夫球手来这里一试身手。每年2月，在高尔夫界极具权威的全球大师赛在这里举行。墨尔本皇家高尔夫俱乐部也是亚太地区唯一进入全球十大高尔夫球场的俱乐部。

完美球场的意外诞生

墨尔本皇家高尔夫俱乐部拥有最完善的软硬件设施、一流的场地，是澳大利亚无可争议排名第一的高尔夫俱乐部。球场内遍布橡树和茶树，将自然与高尔夫融合得极其完美。保持特色及挑战性是皇家墨尔本球场坚持的目标。

1891年初，一群出色的墨尔本人将这项古老的皇家运动向家乡人推广介绍，并在铁路周围建造起最初的墨尔本高尔夫俱乐部。而后，由于市区面积的扩张威胁到了球场的生存，俱乐部委员会的成员决定给这个球场找一个永久的家。他们在城市的南部与杂草丛生、到处是沙滩和灌木的荒野之间建造了一条球道，球场的新家便在这块荒地安营扎寨了。波浪起伏的原始沙丘造

就了新球场完美的地形优势，这个无意间惊喜的发现促成了墨尔本沙滩球场的诞生。

俱乐部的西球场建成于1926年，由大名鼎鼎的苏格兰高尔夫球场建筑师Alister Mackenzie设计完成，球场在1931年正式对外开放。

球场的大沙坑是极富特色的一道风景线。粗草区包围着发球区及沙坑，天然的草地与之浑然一体，每一洞的天然景观都是大自然的恩赐。果岭设计简洁大气，流畅的轮廓线婉转起伏、变幻莫测，给击球增加更多难度。

这里至少有10个称得上杰出的球洞，包含6个世界级水平的球洞（譬如号称all-carry的Par3第5洞）。这里有令人敬畏的沙坑、光滑无比的果岭、粗壮的灌木丛和隐蔽的沙丘。皇家墨尔本原有西球场和东球场两个球场。1959年，球场要承办加拿大杯比赛（即现在的世界杯），为容纳2万名观众，组织者将东球场的6个洞与西球场的12个洞组合起来，组成了现在大名鼎鼎的混合球场。

袋鼠当球童

在澳大利亚打高尔夫球的价格相当便宜。打高尔夫对于当地人来说，就像我们打羽毛球一样正常，只不过球场都没有球童。但你也不会感到孤独，因为作为澳洲的代表动物，袋鼠在球场随处可见，在林子里活动着，蹦蹦跳跳的，非常的有趣。它们倒好像很知趣，不来干涉这些玩球的人，不过偶尔也会有一只顽皮的袋鼠会追赶滚动的球，就像一个小球童。在高球场里放养袋鼠，这恐怕在其他的球场里很少见。这也是澳洲球场所独有的特色。

高尔夫常用术语
GLOSSARIES

练习场（Driving range）
为练习发球及其他动作而设置的区域或建筑物。

果岭（Green）
在洞口附近，特地将草修整得很平整的地区，只能用推杆。

果岭裙（Apron）
球洞四周的草坡。

环形带（Collar）
果岭区周围长满草的边缘。

前九洞（Front nine）
18洞球场的前9个洞。

后九洞（Back nine）
18洞球场中的最后9个洞。

界外（Out-of-bounds）
球场上禁止击球的区域，球打到界外会导致杆数和距离的处罚。

沙坑（Bunker）
裸露地面内通常用沙子覆盖的凹陷处。根据高尔夫规则，沙坑被视为危险区。

临时积水区（Casual water）
选手摆好姿势前后可看到的临时积水，这时选手没有危险或没有处于水域危险中。选手可以将球从临时积水区拿出，而不会受到处罚。

水障碍（Water hazard）
　高尔夫球道上的河流、湖泊、池塘或者小溪，通常用柱子标出障碍界限。

侧面水障碍（Lateral water hazard）
通常为长方形，位于球道两侧，与球道平行。这种水障碍区别于一般水障碍，后者横跨球道中央。

可移动障碍物（Loose impediments）
属于自然物体，并不是固定或者附着在球上的东西，包括未嵌入土中的石头、树叶、树枝、粪便、昆虫等。

水洞（Water hole）
小溪或湖泊等有水的洞，要求选手掠过抛出。

狗腿洞（Dog leg）
球道中向左或向右的弯曲，多指有明显大幅拐角的球道。

旗杆（Flag stick）
指示球洞位置的可移动标记。

弹道（Trajectory）
球的飞行路线。

杆面角度（Loft）
杆面相对于垂直面的倾斜角度，角度大小会影响球的弹道。

甜蜜点（Sweet spot）
杆面最中心的位置，通常也是杆头重心所在，击球时可以传达最大的能量。一个球被此点击中比被其他点击中可以飞行得更远。

杆头趾部（Toe）
杆面离杆身最远的部分。

1号木杆（Driver）
最长的现代击球木制球棒，主要是要求最大距离时从发球台使用。

球道用木杆（Fairway wood）
1号木杆之外的其他任何木杆。

铁杆（Iron）
铁杆的主要功能是将球打到果岭上，因此，杆头的仰角和重量相当重要。根据长度可以分为长铁杆、中铁杆与短铁杆三大类。

沙坑杆（Sand wedge）
杆面极大的球杆，利用很宽的凸缘设计来从沙坑中击球。

挖起杆（Wedge）
用于短距切球的铁杆，具有很高的杆面角度。

挥杆（Swing）
主要由上杆、下杆与收杆三个动作组合而成。根据上杆动作手腕举的高度可以分为四种：四分之一、四分之二（二分之一或半挥杆）、四分之三、四分之四（称为全挥杆）。

直立式挥杆（Upright swing）
即高举高打式挥杆，挥杆面靠近身体，接近于直立的挥杆方式。

标准杆（Par）
球洞的标准杆，其基准为技术纯熟的球员一般完成一洞所需的击球数，也可指平标准杆的成绩。

三杆洞（Par 3）

该球洞需以三次击球结束，为了平标准杆，通常需一杆攻上果岭，再以两记推杆结束该洞。

四杆洞（Par 4）

中长距离的球洞需以四次击球结束，为了平标准杆，通常需以两杆攻上果岭。

五杆洞（Par 5）

长距离的球洞需以五次击球结束，为了平标准杆，通常需三杆攻上果岭。

球位（Lie）

指击球后球落点的位置情况。球位有好有坏，依其击球距离而定，或在草皮上，或在沙坑里。

好球位（Juicy lie）

球进入深草或厚草区里，位于蓬松、毛茸茸的草上，其贴地情况良好。

上坡球位（Uphill lie）

瞄准球时，右脚比左脚低（对于右脚型选手而言）。

下坡球位（Downhill lie）

瞄准球时，右脚比左脚高（对于右脚型选手而言）。

薄击球（Thin）

杆头的下缘击中球的上半部，造成低飞球或沿着地面滚动。

短击（Shot game）

距离果岭100码内的击球，特指起扑球、沙坑球和推杆。

高抛球(Lob shot)

将球直接向上击打，球几乎垂直落下，旋转性或向前动力很小。

起扑球（Chip）

指击向果岭的高球，其滚动的距离比空中飞行的距离大。

劈起球（Pitch）

将球击向果岭时，空中飞行的距离远大于球滚动的距离的球。

沙坑打球法（Blast）

从沙坑打出球，带起大量沙子的一击，也叫爆炸式击球。

抛球（Drop）

在遗失球或其他状况中，要将球重新定位时，令球由空中自由落下。

自由抛球（Free drop）

从不可移动的障碍物抛球而不受罚，或者依照高尔夫规则所规定之情况进行自由抛球。

左曲球（Hook）

对于右手型选手，击球后使球从右向左曲线运动；对于左手型选手，则从左向右曲线运动。

右曲球（Fade）

对于右手型选手，击球后使球从左向右曲线运动；对于左手型选手，则从右向左曲线运动。

优先击球权（Honor）

从发球台首先击球的权利。通常在第一发球台分配。第一发球台之后，该权利给予最后一洞的获胜者。

一杆进洞（Hole in one）

球手从发球区将球击出，球未停留在球道或果岭上，而是经过滚动或是直接进到球洞中。

回合（Round）

一局完整的高尔夫比赛，一个回合18洞。

柏忌（Bogey）

某一洞的成绩高于标准杆一杆。

双柏忌（Double bogey）

某一洞的成绩高于标准杆二杆。

三柏忌（Triple bogey）

某一洞的成绩高于标准杆三杆。

小鸟球（Birdie）

也叫"博蒂"，某一洞的成绩低于标准杆一杆。

老鹰（Eagle）

某一洞的成绩低于标准杆两杆。

双老鹰（Double eagle）

也叫"信天翁"，某一洞的成绩低于标准杆三杆。

差点（Handicap）

球手的实力与标准杆相差的杆数。

实得分（Gross）

扣除球手的差点后，要完成一局高尔夫所要求的击球总数。

同分（Halved）

比赛进行时，未分胜负。双方杆数相同时，一个洞被"同分"，也叫"平手"。

等洞方（Dormie）

比赛时，当某位选手领先的洞数与未赛洞数相等而胜利在握，该选手被称为"等洞方"。

图书在版编目（CIP）数据

跟我学高尔夫球 / 曾洪泉, 杨亚编著. — 成都：
成都时代出版社, 2014.3

ISBN 978-7-5464-0783-8

Ⅰ.①跟… Ⅱ.①曾…②杨… Ⅲ.①高尔夫球运动
－基本知识 Ⅳ.①G849.3

中国版本图书馆CIP数据核字(2013)第205739号

跟我学高尔夫球
GENWOXUE GAOERFUQIU

曾洪泉　杨亚　编著

出 品 人	段后雷
责 任 编 辑	干燕飞
责 任 校 对	樊思岐
装 帧 设 计	◉中映良品（0755）26740502
责 任 印 制	陈晓蓉

出 版 发 行	成都时代出版社
电　　话	(028) 86621237（编辑部）
	(028) 86615250（发行部）
网　　址	www.chengdusd.com
印　　刷	深圳市华信图文印务有限公司
规　　格	787mm×1092mm　1/16
印　　张	12
字　　数	370千
版　　次	2014年3月第1版
印　　次	2014年3月第1次印刷
印　　数	1-15000
书　　号	ISBN 978-7-5464-0783-8
定　　价	88.00元